社區管理委員會的
權利與義務

五南圖書出版公司 印行

序　言

　　民國 84 年 2 月 15 日發生在台中市的衛爾康餐廳大火，因該大樓後門封死、逃生困難，造成 64 人死亡的悲劇，這個建築物管理缺失造成嚴重的公共安全事故，促成了民國 84 年 6 月 28 日公寓大廈管理條例的立法通過公告實施，進而催生了社區管理委員會，並賦予社區管理委員會明確的法定權利與責任來管理社區事務。

　　由於我國社區管理委員會的管理委員大多數一年改選一次，而且是屬於兼任的義務職，再加上大多數管理委員平日都忙於自己的工作，鮮少有人對於管理委員的職責與義務有較深入的了解，同時政府部門尚未有專責單位負責培訓社區管理委員，協助新手社區管理委員了解其職責與義務以及社區管理委員會的權利與義務，因此作者特別撰寫本書《社區管理委員會的權利與義務》，協助新手社區管理委員了解其職責與義務以及社區管理委員會的權利與義務，所以本書第一單元介紹社區管理委員會之組織分工，建議管理委員會之成員人數不應低於十人以免被有心人士掌控，以及介紹管理委

員會之各委員執掌，管理委員會中最有權力的三個關鍵職務分別是主任委員、監察委員及財務委員，推選主任委員、監察委員及財務委員這三位委員時應特別注重其人品與公正性。

隨著房價愈來愈高，且現今新建案公共設施的比例高達33%，管理委員會所掌管公共設施與公共空間價值越來越高，將近建築物總價的三分之一，再者建築物的外觀及公共設施與公共空間所呈現的品質與機能狀態往往也會高度影響房價，因此讓管理委員會的功能也日形重要，管理委員會好好地把建築物的外觀及公共設施與公共空間保持在最佳狀態，就是讓整棟建築物的資產保值且增值的重要因素。本書在第二單元介紹新成屋公共設施點交以及第三單元介紹制定長期修繕計畫與石材養護計畫，都是讓建築物的外觀及公共設施與公共空間保持最佳狀態讓資產保值且增值的好方法。

公寓大廈管理條例自民國84年實施多年以來，經常也會在社會新聞出現社區管理委員會的弊案，而作者擔任台北市政府公寓大廈調解委員，也發現管委會與區分所有權人衝突與糾紛日益增多，分析其原因主要在於社區缺乏誠信管理預防貪汙機制，所以本書在第

二單元介紹各項管理辦法之訂定完善社區管理辦法，以及說明社區高額例行性業務公開招標採購，與如何評選優質物業及保全公司以及優質物業經理。第四單元介紹管理委員會之守法義務，說明管理委員會之法律地位以及管理委員會的之權限及事務執行方法，當依規約之規定；規約未規定，依區分所有權人會議決議。同時建議制定管理委員會之紀律守則以及建立誠信管理預防貪汙機制，以取信於所有區分所有權人與住戶，建立互信的基礎，方能讓社區溫馨和諧的成長發展。

前　言

在香港等物業管理發展較為成熟的地區，通常政府會幫新成立的社區管理委員會成員進行培訓，並編著教材給社區管理委員會成員，告訴新當選的委員應盡的權利與義務，以善盡社區管理委員會管理委員的責任，由於香港地區有廉政公署，管轄範圍包含公家與私人機構，因此培訓時將事先告知相關法律責任以避免觸法。在台灣，政府尚未開始針對新成立的社區管理委員會成員進行培訓，因此當新大樓落成交屋後，第一屆管理委員會成立後若是所有委員都是新手，往往手忙腳亂，尤其面對複雜的公設點交以及公設的缺失求償，對建商有龐大利益影響，經常發生被親近建商的委員或物業經理誤導，造成社區委員間對立與不和諧。因此本書以循序漸近的方式介紹社區管理委員會職責相關知識，幫助新手社區管理委員維護社區及個人權益！

目錄

Contents

單元 3　管理委員會之其他重要工作

單元 4　管理委員會之守法義務

社區管理委員會之組織分工

課題 1.1

管理委員會之成員人數

管理委員之成員

管理委員會之成員人數要多少人才合適呢？

小叮嚀：最好不要少於十人，因為人數過少管理委員會容易被操控。

　　管理委員會之成員人數要多少人才合適呢？根據內政部出版的《公寓大廈自治管理手冊》[1] 規定，社區管理委員會之管理委員人數的下限為三人，同時管理委員的組成人數，最多的總人數並無上限，視公寓大廈的規模及需求而定。而且管理委員的總人數為奇數或偶數均可，完全依照公寓大廈的實際限制狀況及需求而定。管理委員席次分配名額方式，若規模較大，如戶數多、棟數多，或是複合使用的建築大樓，如住辦、住商、多用途停車空間等，都可以將管理委員的人數，採用分層、分區、分棟等分配

----

[1] 公寓大廈自治管理手冊，臺灣物業管理學會編輯，內政部營建署出版，民 100.12。

方式予以限制，原則上建議第一屆管理委員會人數不要太少，最好不要少於十人，因為人數過少管理委員會容易被操控，由於第一屆管理委員肩負公共設施點交重責大任，尤其若是被建商操控將可能損及全體區分所有權人的重大權益。

課題 1.2
管理委員會之各委員執掌

監察委員　　　　主任委員　　　　財務委員

管理委員會哪些委員最重要呢？

小叮嚀：最有權力的三個關鍵職務是主任委員、監察委員及財務委員，務必要選賢與能。

管理委員會哪些委員最重要呢？依據內政部制定的公寓大廈規約範本第十三條規定主任委員、副主任委員、監察委員、財務委員及管理委員之權限如下：

一、主任委員對外代表管理委員會，並依管理委員會決議執行公寓大廈管理條例第三十六條規定事項。

二、主任委員應於定期區分所有權人會議中，對全體區分所有權人報告前一會計年度之有關執行事務。

三、主任委員得經管理委員會決議，對共用部分投保火災保險、責任保險及其他財產保險。

四、主任委員得經管理委員會決議通過，將其一部分之職務，委任其他委員處理。

五、副主任委員應輔佐主任委員執行業務，於主任委員因故不能行使職權時代理其職務。

六、財務委員掌管公共基金、管理及維護分擔費用（以下簡稱為管理費）、使用償金等之收取、保管、運用及支出等事務。

七、監察委員應監督管理委員、管理委員會，遵守法令、規約及區分所有權人會議、管理委員會之決議執行職務。

　　由以上管理委員之權限內容可以發現管理委員會中最有權力的三個關鍵職務分別是主任委員、監察委員及財務委員，這三位委員都有非常明確的法定職權，而副主任委員基本上是備位，其他委員也無明確的法定職權，因此在推選主任委員、監察委員及財務委員這三位委員時應特別注重其人品與公正性，否則容易有偏私損及全體住戶的情事發生，實務上曾發現某建商為順利完成公共設施點交，故安排建商熟識的地方耆老（興建過程中幫忙媒合土地成交）擔任主委，安排建商房屋代銷仲介擔任財務委員，以及親近建商的人士擔任監察委員及其他委員，由於管委會人數僅7位，故基本上管委會被建商把持，但大多數區分所有權人卻被蒙在鼓裡，這是新社區因為住戶間彼此不熟悉，再加上建商手中還有餘屋以及協力廠商認購戶所造成的亂象。

第一屆管理委員會被建商把持，意圖為公設點交護航。

拆穿建商伎倆：建商熟識的地方耆老擔任主委，建商房屋代銷仲介擔任財務委員，以及親近建商的人士擔任監察委員。

　　雖然主任委員、監察委員及財務委員這三位委員執掌內容最重要，但並不代表主任委員、監察委員及財務委員可以掌控社區的一切，尤其傳統上有少數人誤以為主任委員對外代表管理委員會就可以為所欲為，擅自擴張職權，實務上常見主任委員一上台便大肆採購，找自己的親朋好友承接社區的修繕工程、保全、清潔及消防機電維護業務，這些作為往往是違法的，而且很有可能為社區帶來可怕的災難，以下舉一個實際案例供大家參考。

　　新北市新店某社區某主委新上任便大肆進行採購及修繕工程，一上任便更換高級鑄鐵大門以及門禁系統全面更新，甚至保全公司也換成了自己朋友開的保全公司，更找來朋友開的營造廠來承接社區汙水幹管銜接到市政府的汙水下水道系統工程，還跟大家吹噓可幫社區每年節省 1 萬餘元。

但事實上最終結果是給社區帶來地下停車場淹水可怕的災難以及約 400 萬的淹水損失。

　　整個地下停車場淹水事件過程，是肇因於主委找來其友人開的營造廠來承接社區汙水幹管銜接到市政府的汙水下水道系統工程，當時施工正好在 7～9 月的颱風防汛期，汙水幹管銜接工程施工到一半，營造廠從大樓外牆鑽孔，把直徑約 30 公分的汙水幹管與外面的汙水下水道系統連接，並將直徑約 30 公分的汙水幹管出口拉到地下一樓的車道入口處，但由於未將從大樓外面拉到地下一樓的汙水幹管出口封閉，以至於形成從外面拉一條大排水管到地下室，當時是 9 月份，因在半夜下了一場大豪雨，凌晨 2 點多有住戶跟保全反映地下一樓車道入口處的汙水幹管出口在滴水，該保全完全沒有防災意識，未及時將此狀況進行通報給社區經理，因此放任汙水幹管把外面的雨水一直引到社區地下室，由於大豪雨雨勢非常驚人，

社區淹水　　　　社區對立　　　　拆穿不法主委伎倆

主任委員沒有遵循公正公開依法辦事的原則，造成社區損失 400 萬卻求償無門，更糟的是引發社區派系對立與不和諧及一連串的法律訴訟。

拆穿不法主委伎倆：徇私讓好友的保全公司承接社區管理、安排好友承接社區重大工程造成社區安全大漏洞。

汙水幹管從大樓外面引到地下室的雨水一發不可收拾，滾滾洪水從汙水幹管大量宣洩到地下三樓停車場，到了早上 5 點地下三樓停車場已是一片汪洋，造成六台汽車被水淹沒變成形同廢鐵的泡水車，以及地下三樓上百個機械停車位的馬達泡水須全面換新，還有八部電梯的機坑泡水，須全面換新電梯電子控制設備，總共造成約 400 萬的淹水損失。而原本應扛起所有淹水損失責任的承接社區汙水幹管工程營造廠，因為該老闆是主委的好朋友，工程未完工卻已經領走 30 萬工程款，因此爆發淹水事件後便一走了之，社區無端損失 400 萬卻求償無門。檢討整個事件另一個引起鉅額損失的重要原因是，主委引進朋友開設的小規模保全公司，表面上雖然可節省保全公司費用，但羊毛出在身上，派遣低素質保全人員，沒有任何防災意識，未在住戶反映汙水幹管出口在滴水的第一時間即時反應處理，以至於雨水淹沒地下室一發不可收拾。整個事件歸根究柢在於主任委員沒有遵循公正公開依法辦事的原則，造成社區損失 400 萬卻求償無門，更糟的是引發社區派系對立與不和諧及一連串的法律訴訟。

　　從以上案例可以發現主任委員是社區非常關鍵的委員職務，應特別注重其人品與操守，所以區分所有權人投票時要睜大眼睛，同時區分所有權人平時要多參與社區會議監督社區事務，預防弊案與貪瀆。

課題 1.3
沒有管委會之公寓大廈經認定有危險應限期成立管委會

  2021 年 10 月 14 日凌晨 2 時 54 分發生在台灣高雄市鹽埕區府北路 31 號「城中城」大樓火災造成嚴重傷亡。大火造成至少 46 人死亡、43 人受傷，是台灣戰後史上死亡人數第二多的建築物火災，僅次 1995 年衛爾康餐廳大火[2]。高雄城中城惡火燒出公寓大廈管理條例制度漏洞，媒體採

---

2 資料來源：https://zh.wikipedia.org/wiki/%E9%AB%98%E9%9B%84%E5%9F%8E%E4%B8%AD%E5%9F%8E%E5%A4%A7%E6%A8%93%E7%81%AB%E7%81%BD

訪高雄市消防設備師公會理事長嚴順福表示，該大樓之前就已被發現消防設備有缺失，但礙於在公寓大廈管理條例立法前的老舊建築，沒有成立管委會，就無管理權人負責改善。目前政府對於社區管理委員會的設立採報備制，因此民國 84 年 6 月 28 日公寓大廈管理條例的立法通過前蓋好的大樓仍有一些是沒有向直轄市、縣（市）主管機關報備成立管委會，所以此當消防設備老舊須修繕或更新時，找不到管委會可以負責修繕與維護，甚至消防人員因無對應聯繫窗口無法入內實際勘查相關消防安檢設備，一旦發生火災後果當然不堪設想，故要避免下一個城中城惡火發生，政府部門應盡速修法強制成立管委會以利攸關生命安全的大樓公共安全檢查與消防安檢能確實納入監管[3]。就是因為這場大火政府開始著手修改公寓大廈管理條例。

　　中華民國 111 年 2 月 24 日第 3791 次院會決議，行政院會通過「公寓大廈管理條例」第 29-1、49-1 條條文修正草案，其修正要點如下：

1. 為強化公共安全，增訂公寓大廈如未成立管理管理委員會或推選管理負責人，經直轄市、縣（市）主管機關認定有危險之虞，不論屬本條例施行前或為本條例施行後已取得建造執照，均應限期成立管理委員會或推選管理負責人並辦理報備，直轄市、縣（市）主管機關應輔導或委託專業機構輔導公寓大廈成立管理委員會或推選管理負責人並辦理報備。又經處罰後仍未依規定成立管理委員會或推選管理負責人者，必要時，由直轄市、縣（市）主管機關指定住戶一人為管理負責人，其任期至成立管理委員會、推選管理負責人或互推召集人為止，俾利進行相關公共安

---

[3]　資料來源：https://udn.com/news/story/7339/5820535?from=udn-catelistnews_ch2

全事項之辦理，確保居住品質。（修正條文第二十九條之一）

2. 增訂經認定有危險之虞應於期限內成立管理委員會或推選管理負責人並完成報備之公寓大廈，屆期未成立管理委員會或推選管理負責人並辦理報備之罰則。（修正條文第四十九條之一）

　　中華民國 111 年 4 月 11 日立法院內政委員會初審通過《公寓大廈管理條例》、《消防法》、《建築法》等修法草案，規定複合式大樓須設立管理委員會、符合消防安全等要求。初審並通過，主管機關認定有危險的公寓大廈，限期成立管委會或推選管理負責人，並向地方主管機關報備，辦理公共安全事項，違者每戶最高處 20 萬元罰鍰，得按次處罰。未能在期限內辦理報備者，各地方主管機關可視狀況展延一次，不得超過一年[4]。

　　中華民國 111 年 4 月 26 日下午立法院會三讀通過三讀通過《建築法》、《公寓大廈管理條例》、《消防法》等修正案，其中公寓大廈管理條例》新增第 29 條之 1，明定無論條例施行前或後興建的公寓大廈，凡經直轄市、縣市主管機關認定有危險者，一律限期成立管理組織，並完成報備。若因故未能在一定期限內成立並辦理報備，地方政府可視實際情況展延一次，並不得超過一年。若經通知、輔導等程序後，逾期仍未成立管理組織並辦理報備的危險公寓大廈，將按每一專有部分裁罰，可處區分所有權人 4 萬元以上、20 萬元以下罰鍰，並限期辦理，屆期仍未辦理者，可按次處罰而若危險公寓大廈區分所有權人經裁罰後，仍未成立管理委員會或推選管理負責人，地方政府於必要時指定住戶 1 人為管理負責人，其

4　資料來源：https://ctee.com.tw/news/policy/625463.html

任期至成立管理委員會或推選管理負責人或互推召集人為止。同時，立法院也通過修正《建築法》第 77 條之 1，增訂供公眾使用的原有合法建築物，其「構造」、防火避難設施及消防設備不符現行規定者，應視其實際情形，令其改善或改變其他用途。[5]

　　三讀條文也要求地方政府應自行辦理，或委託專業機構輔導協助這類建物成立管理組織，以強化共用部分修繕、公安檢查與消防設備檢修等維護管理工作。至於非危險公寓大廈，則不在這次修法適用範圍，仍依現有輔導機制處理。內政部也補充，為協助各地方政府落實執行，已於「全國建築物耐震安檢暨輔導重建補強計畫」分 4 年列出 8000 萬的經費，補助地方政府輔導成立管理組織，以加速提升危險公寓公共安全及確保居住品質[6]。

---

[5]　資料來源：https://tw.news.yahoo.com/%E7%AB%8B%E9%99%A2%E4%B8%89%E8
%AE%80-%E5%8D%B1%E6%A8%93%E6%9C%AA%E6%88%90%E7%AB%8B%E7
%AE%A1%E5%A7%94%E6%9C%83-%E6%9C%80%E9%AB%98%E6%AF%8F%E6%-
88%B6%E7%BD%B020%E8%90%AC-092100068.html

[6]　資料來源：https://www.upmedia.mg/news_info.php?Type=24&SerialNo=143294

管理委員會之法定職務與第一屆管委會重要工作

第一屆社區管理委員會之重要工作為何？

小叮嚀：第一屆管委會肩負公共設施點交、各項管理辦法之訂定以及物業、保全、清潔與機電維護等業務公開招標採購之重責大任。

　　管理委員會最重要工作項目有哪些呢？通常第一次區分所有權人會議成立第一屆管理委員會後，第一屆管理委員會需執行之許多重要業務大致上可以分成如下幾類：(1) 新成屋公共設施點交及委託專業第三公正方辦理公共設施點交；(2) 新成屋後陽台風雨窗的樣式；(3) 裝潢管理及施工期間的防護措施與石材養護；(4) 各項管理辦法之訂定；(5) 物業、保全、清潔及機電維護等高額例行性業務公開招標採購，將分別說明如下數節。後續第二屆以後的管理委員會的重要工作則依照第一屆管理委員會所制定的辦法繼續執年度例行性業務招標採購與修繕維護管理業務或增修訂相關辦法。除此之外，根據公寓大廈管理條例第 36 條規定，法律賦予社區管理委員會之法定職務內容將說明如下。

課題 2.1

管理委員會之法定職務

游泳池維護成本高使用率低，大家決議填平當停車場好嗎？

把游泳池改建為停車場

法律賦予社區管理委員會之法定職務為何？

小叮嚀：管理委員會的法定職務內容及範圍是有所限制的，基本上是以執行區分所有權人會議決議項以及社區一般例行性管理維護業務為主，而非無限度擴張權限。

　　法律賦予社區管理委員會之法定職務為何？根據公寓大廈管理條例第36 條規定，社區管理委員會之法定職務內容如下：

一、區分所有權人會議決議事項之執行。

二、共有及共用部分之清潔、維護、修繕及一般改良。

三、公寓大廈及其周圍之安全及環境維護事項。

四、住戶共同事務應興革事項之建議。

五、住戶違規情事之制止及相關資料之提供。

六、住戶違反第六條第一項規定之協調。

七、收益、公共基金及其他經費之收支、保管及運用。

八、規約、會議紀錄、使用執照謄本、竣工圖說、水電、消防、機械設施、管線圖說、會計憑證、會計帳簿、財務報表、公共安全檢查及消防安全設備檢修之申報文件、印鑑及有關文件之保管。

九、管理服務人之委任、僱傭及監督。

十、會計報告、結算報告及其他管理事項之提出及公告。

十一、共用部分、約定共用部分及其附屬設施設備之點收及保管。

十二、依規定應由管理委員會申報之公共安全檢查與消防安全設備檢修之申報及改善之執行。

十三、其他依本條例或規約所定事項。

　　由以上社區管理委員會之法定職務內容可以發現管理委員會的法定職務內容及範圍是有所限制的，基本上是以執行區分所有權人會議決議事項以及社區一般例行性管理維護業務為主，而非無限度擴張權限，因此法令沒有規定管理委員會可以做的事或業務並不代表管理委員會或主任委員就可以為所欲為，基本上必須是基於區分所有權人會議決議授權來辦理，否則往往是違法的而且產生諸多弊端。

　　而管理委員會或管理負責人之法定職權除依上列第三十六條明文之職務外，分別在公寓大廈管理條例各條條文之中也有多項法定職權，茲整理如下[1]：

---

[1] 公寓大廈管理 Q&A 彙編：Q42，網址 https://www.cpami.gov.tw/%E5%B8%B8%E8%A6%8B%E5%95%8F%E7%AD%94/208-%E5%BB%BA%E7%AF%89%E7%AE%A1%E7%90%86/4-%E5%85%AC%E5%AF%93%E5%A4%A7%E5%BB%88%E7%AE%A1%E7%90%86q-a%E5%BD%99%E7%B7%A8.html

一、第六條所訂住戶應遵守事項，住戶違反後經協調仍不履行時，住戶、管理負責人或管理委員會得按其性質請求各該主管機關或訴請法院為必要之處置。

二、住戶對於第八條所訂公寓大廈周圍上下、外牆面、樓頂平台及防空避難設備未依規約或區分所有權人會議決議之限制而有變更構造、顏色、設置廣告物、鐵窗或其他類似之行為，管理負責人或管理委員會應予制止，並報請各該主管機關處罰。

三、住戶對於第九條所訂共用部分之使用未依其設置目的及通常使用方法為之，管理負責人或管理委員會應予制止，並得按其性質請求各該主管機關或訴請法院為必要之處置。

四、第十條之規定共用部分、約定共用部分之修繕、管理、維護，由管理負責人或管理委員會為之。

五、第十四條之規定，公寓大廈經區分所有權人會議決議重建時，區分所有權人不同意決議又不出讓區分所有權或同意後不依決議履行其義務者，管理負責人或管理委員會得訴請法院命區分所有權人出讓其區分所有權及其基地所有權應有部分。

六、第十五條之規定，住戶未依使用執照所載用途及規約使用專有部分、約定專用部分，或擅自變更使用，管理負責人或管理委員會應予制止，經制止而不遵從者，報請直轄市、縣（市）主管機關處理，並要求其回復原狀。

七、第十六條之規定，住戶任意棄置垃圾、排放各種汙染物、惡臭物質或發生喧囂、振動及其他與此相類之行為。或於防火間隔、防火巷弄、

樓梯間、共同走廊、防空避難設備等處所堆置雜物、設置柵欄、門扇或營業使用或違規設置廣告物或私設路障及停車位侵占巷道妨礙出入。或飼養動物，妨礙公共衛生、公共安寧及公共安全，管理負責人或管理委員會應予制止或按規約處理，經制止而不遵從者，得報請直轄市、縣（市）主管機關處理。

八、第十七條之規定，住戶於公寓大廈內依法經營餐飲、瓦斯、電焊或其他危險營業或存放有爆炸性或易燃性物品者，未依中央主管機關所定保險金額投保公共意外責任保險，經催告於七日內仍未辦理者，管理負責人或管理委員會應代為投保。

九、第十八條之規定，對於公共基金設專戶儲存，並由管理負責人或管理委員會負責管理。

十、第二十二條所訂住戶違反義務之情形，由管理負責人或管理委員會促請其改善，於三個月內仍未改善者，管理負責人或管理委員會得依區分所有權人會議之決議，訴請法院強制其遷離。如住戶為區分所有權人時，管理負責人或管理委員會得依區分所有權人會議之決議，訴請法院命區分所有權人出讓其區分所有權及其基地所有權應有部分；於判決確定後三個月內不自行出讓並完成移轉登記手續者，管理負責人或管理委員會得聲請法院拍賣之。

課題 2.2
新成屋公共設施點交

新成屋公共設施點交內容為何？

小叮嚀：公共設施點交是管理委員會必須認真嚴肅對待的重要工作，內容涵蓋公設機電、消防設備、公設土建標、公設園藝設施、藝術品、二次施工檢查以及法規檢討。

　　新成屋公共設施點交內容為何？新成屋公共設施點交是大多數第一屆管理委員會重要的區分所有權人會議決議執行事項之一，公共設施點交內容涵蓋以下內容：

一、公設機電、消防設備部分：社區從地下室各樓層以及 1 樓到頂樓樓層及 R 層之公設機電、消防設備，至少分布涵蓋「冷凍系統」、「空調系統」、「電梯系統」、「發電機組」、「電力系統」、「電信系統」、「汙水處理系統」、「排煙系統」、「保全系統」、「俱樂部各項設施」、「物管中心各項設施」等項目，檢測報告書面內容應將

前述項目至少表達「規格」、「數量」、「功能」及「品質」等四大項目的實際狀況，是否與「設計圖說」相符並記載之。

二、公設土建標部分：公設機電、消防設備坐落位置之土建部分是否與「設計圖說」相符，並記載表達「規格」、「數量」、「功能」及「品質」等四大項目的實際狀況，並涵蓋其他土建（如防火區劃貫穿管件防火填塞是否依消防法規辦理防火泥填塞）等項目，以上係對於社區有關公設檢測履約之基本門檻。

三、公設園藝設施部分：植栽數量清點及存活狀況以及相關園藝設施（如大理石椅及石板步道等）之「數量」、「功能」及「品質」等四大項目的實際狀況。

四、公設藝術品部分：依據移交清冊內容清點公設區藝術品及家具。

目前新成屋公設比例往往高達 33～35%，若公設出現重大缺失又無法改善，往往建商須賠償高達上千萬，因此少數不肖建商透過不法手段快速完成公設點交，而衍生諸多公設點交糾紛。

拆穿不法建商伎倆：把持或圖利第 1 屆主委「強渡關山」移交全部公設、分化管委會造成內部矛盾、沒有專業廠商協同執行點交建商蒙混過關、物業經理暗中協助建商快速完成公設點交。

五、二次施工檢查：需前往建管處調閱報備核准之圖說與竣工現況比對二次施工情況以及地下室各樓層停車位數量與車位面積是否與原核准之圖說相符。

六、法規檢討：檢討建物現況是否有違反建築法規及消防或公安相關法規之處。

由於消防法規日趨嚴格，目前新推出的建案公設的比例往往高達33～35%，以每戶均價 2,000 萬的房子而言，公設的價值就占了 700 萬，而以 200 戶的中型社區來估算，整個社區公設的總價值將高達 1 億 4 千萬，由於整個社區公設的價值龐大且依公寓大廈管理條例第五十七條第一項規定：起造人（一般建商）的保固期限是從點交完成後開始計算，因此建商無不希望盡速把公設完成點交並移交給社區管理委員會。然而公共設施點交牽扯層面甚廣，尤其一旦公共設施出現重大缺失或違反建築法規而又無法修繕改善時，往往建商須提供高額賠償，這是一場建商與管委會談判協商的角力戰，因此絕大多數建商會無所不用其極想主導第一屆管理委員會，或影響管理委員會盡速把公設完成點交，所以往往也爆發諸多建商圖利主委或願意配合的特定委員，或第二屆管委會提告第一屆管委會或建商，以及建商抹黑或教訓妨礙公設點交或對阻撓公設點交快速完成的管理委員等諸多社會新聞事件。茲就新成屋公共設施點交常見的糾紛整理如下：

1. 管委會與建商互告：有些建商會以公設點交未完成為理由而拒絕開放公共設施給住戶使用；或是由建商所把持的第 1 屆主委「強渡關山」移交全部公設，只移交、不檢驗，其他委員住戶皆不知情，造成雙方互信基礎破裂，第 2 屆主委將與建商配合的物管公司解約，並聘請第三方專業

機電公司至社區，檢驗出消防、機電等諸多缺失後，建商若置之不理，往往造成住戶抗議或建商與管委會互告。相關實例報導如下：

> 【新聞疑義1727】公設點交糾紛，又一樁！
>
> 文／楊春吉**
>
> **(筆者聲明:新聞事件，或充滿著各種政治人物之政治算計、個人利益的考量及利益團體之介入，但新聞事件中事物本質【含事實之認定、證據取捨與舉證責任之分配等】及法律依據的探索，仍有賴大家一起努力，以企細辨曲折，供為政者及大眾參考，減少社會成本及公器的浪費)**
>
> 【新聞】
>
> 新竹縣竹北高鐵特區某華廈豪宅爆發交屋2年多，公共設施卻始終沒有完成點交，倒是社區管委會和住戶多人因點交問題分別捲入官司。住戶們今天手持大字報，由民國黨籍新竹縣議員邱靖雅帶領，向縣長邱鏡淳陳情，指控建商拒絕依法點交、霸佔公設，更以法律「霸凌」住戶，告管委會和住戶個人，累積民刑事案件至少有20案！還寧可送錢給「麗絲」，也拒絕繳納縣府的罰單。
>
> 邱鏡淳指示縣府工務、警察、政風、消保官等相關局處成立專案小組，先就公共安全部分進行現勘和稽查。一名縣府官員直搖頭說，「新竹縣市從沒看過這樣的狀況！」
>
> 被指控的楊姓建商反駁說，他們沒有拒絕依法點交，反而一切依法行事！還為此製作精美的公共設施使用說明手冊，就是想讓住戶在點交公設後，可以正確安全使用。
>
> 「人在商界，誰不想和氣生財、追求永續經營，何以堅持花10幾萬請律師也要打10萬、15萬元的行政訴訟，求的不過就是程序正義而已！」建商也滿腹牢騷地說。
>
> 建商說，他們為了順利點交公設給住戶，今年9月22日遵照法院指示召開點交會議，反倒是管委會曾姓主委拒絕領受整棟大樓公共設施的遙控器、鑰匙等，造成「受領遲延」，昨（13）天他們才又派出律師到場協商，只是依然無結果。
>
> 建商說，根據公寓大廈管理條例，他們從去年6月18日社區成立管委會後，就依法在當月27日通知管委會辦理公設點交。但當時的管委會和他們對點交的程序意見相左，他們希望先依法完成點交，才交付公共基金給管委會、開放停車場使用。

圖 2.1　管委會與建商因公設點交互告的媒體報導 (1)

資料來源：https://www.peopo.org/news/351409

交屋2年多「公設未點交」？ 竹北豪宅住戶、建商互槓

民國黨籍新竹縣議員邱靖雅（中）說，因為建商沒有依法點交公設，導致這個爭議社區到現在住戶都無法正常丟垃圾，也無法請到可以配24小時不上廁所的警衛。（記者黃美珠攝）

2017-11-14 22:32:54

〔記者黃美珠／竹縣報導〕新竹縣竹北高鐵特區某華廈豪宅爆發交屋2年多，公共設施卻始終沒有完成點交，倒是社區管委會和住戶多人因點交問題分別捲入官司。住戶們今天手持大字報，由民國黨籍新竹縣議員邱靖雅帶領，向縣長邱鏡淳陳情，指控建商拒絕依法點交、霸佔公設，更以法律「霸凌」住戶，告管委會和住戶個人，累積民刑事案件至少有20案！還寧可送錢給「麗絲」，也拒絕繳納縣府的罰單。

邱鏡淳指示群府工務、警察、政風．消保官等相關同處成立專案小組，先就公共安全部分進行現勘和稽查。一名縣府官員直搖頭說，「新竹縣市從沒看過這樣的狀況！」

被指控的楊姓建商反駁說，他們沒有拒絕依法點交，反而一切依法行事！還為此製作精美的公共設施使用說明手冊，就是想讓住戶在點交公設後，可以正確安全使用。

「人在商界，誰不想和氣生財、追求永續經營，何以堅持花10幾萬請律師也要打10萬、15萬元的行政訴訟，求的不過就是程序正義而已！」建商也滿腹牢騷地說。

建商說，他們為了順利點交公設給住戶，今年9月22日遵照法院指示召開點交會議，反倒是管委會曾姓主委拒絕領受整棟大樓公共設施的遙控器、鑰匙等，造成「受領遲延」，昨（13）天他們才又派出律師到場協商，只是依然無結果。

建商說，根據公寓大廈管理條例，他們從去年6月18日社區成立管委會後，就依法在當月27日通知管委會辦理公設點交。但當時的管委會和他們對點交的程序意見相左，他們希望先依法完成點交，才交付公共基金給管委會、開放停車場使用。

圖 2.2　管委會與建商因公設點交互告的媒體報導 (2)

資料來源：https://news.ltn.com.tw/news/life/breakingnews/2253788

2. 建商分化管委會造成內部矛盾：有些建商會故意保留一樓店面所有權，利用管委會組織都會有一席店面代表的漏洞，派員擔任管理委員並趁機分化管委會造成內部矛盾，削弱了管委會力量，讓管委會內部不團結，就不會有管委會團結一致對建商的情形產生。

在智邦不動產網頁有相關實例報導，標題為：「黑心建商的告白6：分化管委會」。指出建商慣用分化伎倆，削弱管委會，讓他們不團結，就不會槍口一致對建商，建商指出，只要公設順利點交，就可以省個好幾百萬、好幾千萬元，何樂而不為？以某個社區為例，先順利跟管委會的某一個委員交好，先用一些理由，給委員錢，名義是面積找補，反正花的也不多，十幾萬元，但那個委員啊，這裡反對那裡反對，只要管委會對建商有啥意見他就反對，還幫忙跟其他委員吵架，造成彼此不信任。因為管委會彼此不信任，大家點交就比較無力，只要撐過一年，換了新的主委，那當然是建商買好的人，就這樣，順利完成點交賺到錢。

3. 圖利第一屆管委會主任委員換取快速完成公設點交：因為第一屆管委會主任委員對於公設點交有很大的主導權，因此圖利第一屆管委會主任委員換取快速完成公設點交也時有所聞，所以要慎選第一屆管委會主任委員。在愛北大論壇[2]指出首屆主委可以從建商那裡拿到不少好處，不論是私下的錢還是所謂的修繕「補貼」，因此第一屆主委是肥缺，再來的主委只是「挑糞的」。其他相關實例報導如下：

2　資料來源:https://forum.ibeta.tw/forum.php?mod=viewthread&action=printable&tid=8341

自由財經　財經政策　影音專區　國際財經　證券產業　房產資訊　財經週報　基金查詢　投資 Idea

揪出黑心主委

2005-04-10 06:00

不肖管委會主委抽佣拿回扣、收封口費掩飾公設瑕疵……

住戶該如何自保？ 才不會讓自己的血汗錢被A掉

〔案例〕

楊太太不久前買了一間新成屋，她出席首次舉辦的「區分所有權人會議」，並選出吳先生為主委。

不久後，她陸續從左鄰右舍那裡聽到不利於吳主委的言論，包括向建商收取回扣，及對第4台、網路業者抽佣等，楊太太感到不可思議。

〔記者陸敬民／專題報導〕購屋民眾一般最怕遇到的就是「黑心建商」，因為這意味著未來若權益受損時將求償無門，殊不知購屋民眾在成為某社區住戶後，還得提防所謂的「黑心主委」暗中「A掉」原本屬於管委會的錢，讓全體社區住戶蒙受損失。

根據建商與代銷業者透露，這類被稱為「黑心主委」的人，其實就是房地產業界常見的「職業主委」，或是經過「高人」指點的業餘客。

這些主委通常對召開「區分所有權人會議」的程序十分爛熟，對服務住戶也表現得很熱心，對公設點交過程更是經驗老到。

但實際上，天下沒有白吃的午餐，「黑心主委」在博取住戶好感的同時，也在計算著將來的利益。

遊說添換設備 為抽佣

桃園某代銷業者透露，絕大部分「黑心主委」運作的空間在於房屋點交，常見的手法便是大挑公設及園藝的毛病、刁難業者，或突然要求增設許多設施，像是加裝消防設備、監視器材、擴音器，或頂樓、陽台二次施工等。

圖 2.3　建商圖利第一屆管委會主任委員，換取快速完成公設點交的媒體報導

資料來源：https://ec.ltn.com.tw/article/paper/10435

4. 公設點交沒有專業廠商協同執行，建商蒙混過關引發爭議：高雄某建案僅花 17 天就完成公設點交，僅針對公設數量驗收，未進行設備功能檢測，因此後續爭議不斷，建議應有第三公正方之專業廠商協同執行辦理公設點交以昭公信。相關報導如下：

圖 2.4　公設點交沒有專業廠商協同執行，建商蒙混過關引發爭議的媒體報導
資料來源：http://home.appledaily.com.tw/article/index/20171014/37812960/design/ 管委會清點
　　　　公設只算數量小心後患

5. 建商聘任的物業管理公司及物業經理態度不中立，暗中協助建商快速完成
公設點交惹爭議：由於大多數建商希望公設點交能順利進行，因此在第
一屆管理委員會成立之前建商所找來的物業公司與物業經理，大多負有
必須協助建商在最短時間內順利完成公設點交的任務，故而常見屬建商
派的委員以打混仗方式，想方設法留任建商所找來的物業公司與物業經

理，然而基本上第一屆管委會成立之後，管委會有權更換原建商所聘任的物業管理公司及物業經理，因此第一屆管理委員會成立之後要慎選物業管理公司及物業經理，有一案例就是第一屆管委會只花一天就完成公設移交引發爭議，第二屆管理委員會成立之後更換建商所聘任的物業公司，並找來第三公正方之專業廠商，竟然驗出 180 多項缺失。相關報導如下：

【新聞疑義1773】公設點交糾紛，一樁又一樁！

文／楊春吉**

(筆者聲明:新聞事件，或充滿著各種政治人物之政治算計、個人利益的考量及利益團體之介入，但新聞事件中事物本質【含事實之認定、證據取捨與舉證責任之分配等】及法律依據的探索，仍有賴大家一起努力，以企細辨曲折，供為政者及大眾參考，減少社會成本及公器的浪費)

【新聞】

又傳建案交屋糾紛，台中市大雅區新大樓「意述景」15戶住戶連署爆料，去年8月建商會同市府人員「突襲」社區，1天內移交全部公設，今年社區請機電公司查驗出180項缺失，不過建商修繕態度消極，引發住戶不滿，近年該類爭議極多，體現法規操作空間大，購屋者並無實質保障。

富霖開發「意述景」去年落成，47戶已完售，現有34戶入住，投訴戶表示，去年7月住戶對第1屆主委投下不信任票，在主委改選之際，建商卻連同已卸任但尚未向市府通報的主委、「強渡關山」移交全部公設，只移交、不檢驗，其他委員住戶皆不知情，造成雙方互信基礎破裂。

社區其後烏煙瘴氣紛擾數月，在今年3月正式選出第2屆主委，與建商配合的物管公司解約，並聘請國霖機電至社區，檢驗出消防、機電180項缺失，建商陸續派人修繕，9月份機電公司複驗，修繕率6成，但包括避雷針引線與電力線距離過近、地下室多處導流風機故障等重要問題，仍未處理至今。

富霖開發邱姓工務經理坦言，當初點交的事情已過，現在負責人也不同，再討論也無意義，他強調：「公司在今年11月才收到複驗報告，並非不處理，目前社區消防安全也沒問題，只是有很多維修項目還需與住戶、第三方公正單位協商，近2個月社區沒主動聯絡我們公司，我們也沒聯絡社區，才造成誤會。」

移交後公設有1年保固期，《民法》也明定建商5年內有「瑕疵擔保責任」，即使1年保固期過，後來發現交屋時即存在的缺失問題，仍可要求修復。不過專家指出，實際案例多仍是看住戶對建商爭取的力道夠不夠，「若建商鐵了心不修復，住戶只有2條路可走，不是委曲求全，就是上法院提告。」

圖 2.5　建商聘任的物業管理公司及物業經理，暗中協助建商快速完成公設點交惹爭議的媒體報導

資料來源：https://www.peopo.org/news/353231

　　由以上新成屋公共設施點交常見的糾紛案例，可以發現公設點交過程最好是找專業廠商協同執行，因為所有的委員都並非具有建築的專業知識背景，不具備專業能力來發現公設的缺失，所以公設點交最好委託第三公正專業公司來協助辦理，以杜絕弊案與糾紛。

 課題 2.2.1

公設點交委託第三公正專業公司評選的程序

如何評選第三公正專業公司委託執行公設點交？

小叮嚀：評選的標準須留意 (1) 公司的組織規模以及專業技師證照資格；(2) 公設點交實績與經驗；(3) 協助社區爭取權益績效。

　　公設點交委託第三公正專業公司評選的程序為何？公設點交委託第三公正專業公司評選的方式建議管委會採用公開招標評選方式以昭公信，公開招標規格參考範例如附件一，委託第三公正專業公司公設點交之採購流程圖如下圖 2.6 所示，採購流程說明如下：(1) 首先管理委員會招開會議

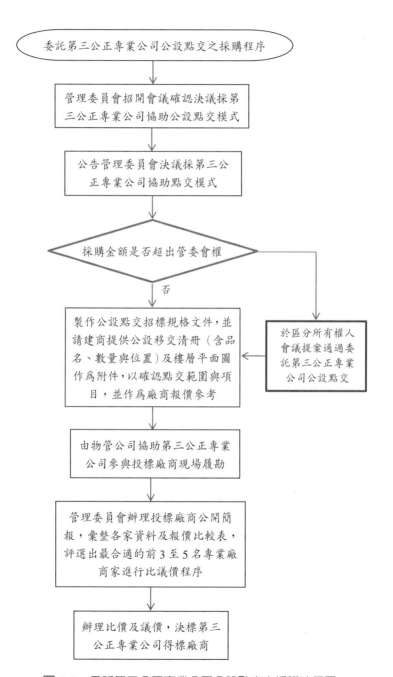

圖 2.6　委託第三公正專業公司公設點交之採購流程圖

確認決議採第三公正專業公司協助辦理公設點交；(2) 對社區全體住戶公告管理委員會決議採用第三公正專業公司協助點交模式；(3) 確認採購金額是否超出管委會權限，一般社區規約裡面都會載明，管理委員會可以自行決定採購金額的權限約在 20 萬左右，若超過管理委員會的採購權限則須在區分所有權人會議提案通過委託第三公正專業公司公設點交，通常一般委託第三公正專業公司辦理公設點交行情約在 30 萬至 50 萬左右，由於金額很高，因此大多數狀況，是須在區分所有權人會議提案通過委託第三公正專業公司公設點交；(4) 由管委會製作公設點交招標規格文件（請參考附件一範例），並請建商提供公設移交清冊（含品名、數量與位置）及樓層平面圖作為附件，以確認公設點交範圍與項目，並作為廠商報價依據及參考；(5) 由物管公司協助第三公正專業公司參與投標廠商現場履勘，並由管委會提供完整竣工圖說給投標廠商現場查閱；(6) 管理委員會辦理投標廠商公開簡報，彙整各家資料及報價比較表，並詢問了解各家廠商的經驗與幫忙公設缺失改善與賠償的績效，以評選出最合適的前 3 至 5 名專業廠商家進行比議價程序；(7) 辦理比價及議價，首先制定底價後，依照評結果由第一名優先議價，決標評選出第三公正專業公司得標廠商。

公設點交委託第三公正專業公司可以是建築師事務所、土木或結構技師事務所、機電消防專業公司或專業認證公司，目前坊間常見委託的公設點交第三公正專業公司有：SGS、眞禾機電公司、太古華電實業股份有限公司、駿坤機電工程有限公司、國霖機電管理服務股份有限公司以及和新機電管理股份有限公司等。

公設點交委託第三公正專業公司之評選的標準爲：(1) 公司的組織規模以及專業技師證照資格：建議最好挑選有信譽的廠商，並要求提供有建

築師、土木技師、結構技師、電機技師及消防技師之專業團隊協助公設點交：(2) 公設點交實績與經驗：可依照社區規模要求第三公正專業公司應具備至少與社區規模相近或以上的實績，如社區有 180 戶，可要求點交公司具備 200 戶以上公設點交實績與經驗：(3) 協助社區爭取權益績效：由於公設點交後最重要的兩件事，就是要求建商改善缺失以及針對無法改善缺失的部分進行賠償協商，所以可以要求參與評選的公司說明以往協助社區落實改善及協助爭取賠償的績效作為評選參考：(4) 慎選公正專業中立之第三公正專業公司：第三認證公司為專業獨立的單位，但市場上仍常見有些第三認證公司怕得罪建商，沒有道德勇氣將建物的重大缺失報告據實列出，只敢列出小問題去討好建商並且私下向建商收取好處，反而失去第三認證公司獨立專業性，管理委員會白白浪費經費，反而幫助建商順利完成公設點交，因此管委會必須要慎選公正專業中立之第三公正專業公司。

課題 2.2.2
新成屋公共設施點交程序與注意事項

第三公正專業
公司指派專家
協同點交

新成屋公共設施點交注意事項為何？

小叮嚀：公設點交應注意：(1) 管委會應要求第三公正專業公司調閱建商送政府部門審查建照核准之設計圖說並確實核對圖面與竣工現況是否相符，確認是否有二次施工的問題，以免將來有違建被報拆；(2) 社區物業經理需確實監督建設公司落實第三公正專業公司所列出之缺失進行改善。

　　新成屋公共設施點交程序與注意事項為何？委託第三公正專業公司執行公設點交程序流程圖如圖 2.7 所示，公設點交流程與注意事項說明如下：(1) 首先管委會邀請第三公正專業公司得標廠商召開事前協調及準備會議：討論需提供及事前準備的資料以及進行分組點交與設備測試內容，建議管委會應要求第三公正專業公司調閱建商送政府部門審查建照核准之設計圖說，並確實核對圖面與竣工現況是否相符，確認是否有二次施工的問題，以免將來有違建被報拆；(2) 由社區經理擬函文通知建商現場履勘時間並請建設公司備妥各項完整圖說及相關文件：管理委員會選出點交公司時，社區經理便要開始接受此項重大任務，要開始準備發文通知建商準

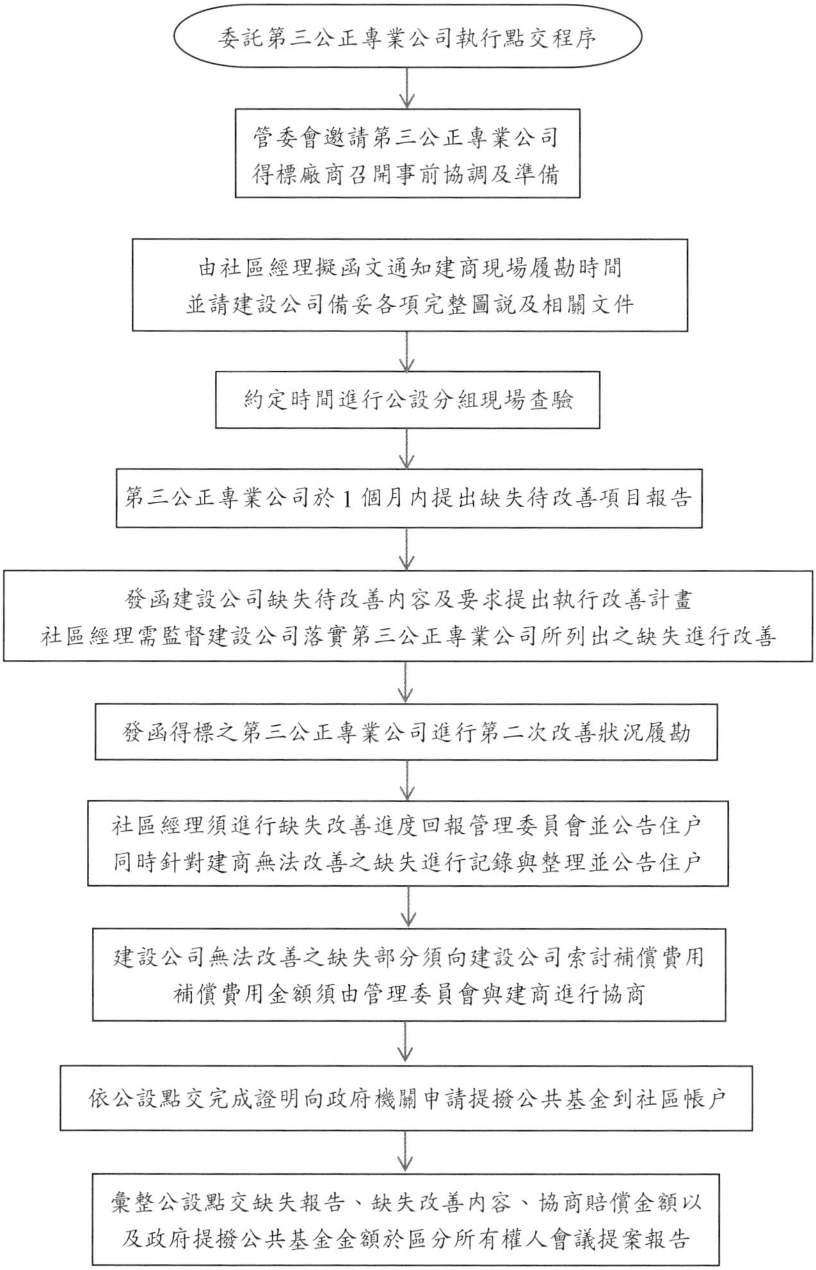

委託第三公正專業公司執行點交程序

管委會邀請第三公正專業公司
得標廠商召開事前協調及準備

由社區經理擬函文通知建商現場履勘時間
並請建設公司備妥各項完整圖說及相關文件

約定時間進行公設分組現場查驗

第三公正專業公司於1個月內提出缺失待改善項目報告

發函建設公司缺失待改善內容及要求提出執行改善計畫
社區經理需監督建設公司落實第三公正專業公司所列出之缺失進行改善

發函得標之第三公正專業公司進行第二次改善狀況履勘

社區經理須進行缺失改善進度回報管理委員會並公告住戶
同時針對建商無法改善之缺失進行記錄與整理並公告住戶

建設公司無法改善之缺失部分須向建設公司索討補償費用
補償費用金額須由管理委員會與建商進行協商

依公設點交完成證明向政府機關申請提撥公共基金到社區帳戶

彙整公設點交缺失報告、缺失改善內容、協商賠償金額以
及政府提撥公共基金金額於區分所有權人會議提案報告

圖 2.7　委託第三公正專業公司執行公設點交程序流程圖

備圖說文件等資料，並要安排初勘時的所有事物及住戶關切參與、設備改善缺失監督、履勘安排、修繕等，社區經理除了準備這些手續外，其本職的專業知識、協調能力、工程修繕進度、報告執行等須更費心，才能完成重大任務。社區經理在發函建商準備圖說資料時必須要建商準備消防、電力、給排水、空調、景觀、弱電、監控等相關圖說資料，詳如附件二：(3)約定時間進行公設分組現場查驗：重要的機電消防設備等防災設施如消防泡沫設備及防水閘門等務必要求確實進行實地測試，切勿因為怕麻煩省事而略過，而大型植栽所價不斐，其數量清點及存活狀況也應列入點交清單；(4) 第三公正專業公司於 1 個月內提出缺失待改善項目：一般公共設施缺失可分類為機電類、消防類、電梯類、公共設施類、外牆景觀植栽類等。綜合一般常見之缺失可歸納為三大類，第一大類為機電設施：常見之缺失為與圖面不符、功能異常、設備固定不良、未按圖施作、故障、未提供保固書、未作防鏽處理、未接地等、未標示等；第二大類為消防設施：一般常見之缺失為防火區劃貫穿管件防火填塞未依消防法規辦理防火泥填塞、與圖面不符、功能異常、設備固定不良、未按圖施作、故障、遺失、未提供保固書、未動作等；第三大類為營建土木設施：一般常見之缺失為圖面不符、石材汙染及裂紋、地板石材空心、防水閘門測試漏水、設備固定不良、未按圖施作、施工不良、遺失、未提供保固書、地下室漏水、車道坡度不良、植栽枯死等；(5) 發函建設公司缺失待改善內容及要求提出執行改善計畫：社區物業經理此時需確實監督建設公司落實第三公正專業公司所列出之缺失進行改善，所以社區物業經理在執行公設點交扮演非常重要的關鍵角色，若社區物業經理未能落實監督建設公司執行改善計畫，則變成是幫建商護航公設點交，這也是為何絕大多數管委會成立之後，原

來建商所聘任的物業公司以及物業經理被換撤掉的重要因素之一；(6) 發函得標之第三公正專業公司進行第二次改善狀況履勘：針對第二次改善狀況履勘，物業經理必須詳實記錄公設已完成改善的部分，以及無法完成改善的部分，並公告給全體住戶，同時提報管理委員會，管理委員會應針對建商無法改善之缺失進行記錄，並與建商協商賠償金額，一般最嚴重且最常見無法完成改善的缺失為防火區劃貫穿管件防火填塞未依消防法規辦理防火泥填塞，主要是因為這項缺失常見於共同管道間，但礙於多數住戶已經入住無法再施工因此建商無法改善，但是防火區劃貫穿管件防火填塞未依消防法規辦理防火泥填塞，一旦發生火災會有嚴重的煙囪效應造成或是延燒擴大。民國 90 年 5 月 12 日新北市汐止東方科學園區發生大火，火勢延燒 43 小時始撲滅，造成 130 億以上的財務損失（郝文全，2018），創下台灣歷年來火災延燒最久的紀錄。政府檢討新北市汐止東方科學園區大火持續延燒的原因，發現最大的問題在於管道間管路防火填塞未落實施工，消防隊雖然已撲滅起火樓層，但火勢從管道間持續往其他樓層延燒造成重大損失。因為此案例的嚴重火損，政府才立法修訂消防法規要求防火區劃貫穿管件防火填塞應辦理防火泥填塞。

課題 2.2.3
新成屋公共設施點交關鍵要素及缺失改善

新成屋公共設施點交交關鍵要素為何？

小叮嚀： 公設點交關鍵因素為面積測量、建材、圖面與現場校對、植栽綠化、休閒設施、建材、防火、防水、財產、燈俱、電氣設備、弱電設備、消防設備、空調設備、給排水設備等 15 項。

　　根據專家問卷調查以及研究文獻匯整出公設點交重要的關鍵因素[3]可歸類為：(1) 土木建築工程；(2) 建築裝修工程；(3) 消防機電工程等三大類，同時根據專家問卷結果分析每一個類別，比較重要的前五大關鍵因素指標如下，公共設施點交關鍵因素三大類別及十五分項評量整理如表2.1，並說明如下數節。

---

[3] 繆駿，公設點交關鍵因素與缺失改善之研究，華夏科技大學資產與物業管理研究所碩士論文，2016。

表 2.1　公共設施點交關鍵因素三大類別及十五分項評量指標彙整

項目	第一層評估類別	第二層評估因素
公設點交關鍵因素	土木建築工程	1. 面積測量
		2. 建材
		3. 竣工圖圖面與現場校對
		4. 植栽與綠化工程
		5. 休閒設施
	建築裝修工程	1. 建材
		2. 防火工程
		3. 防水工程
		4. 傢俱或藝術品等財產
		5. 燈俱
	消防機電工程	1. 電氣設備
		2. 弱電設備
		3. 消防設備
		4. 空調設備
		5. 給排水設備

資料來源：繆駿〔2016〕

1. 土木建築工程：面積測量、建材、圖面與現場校對、植栽綠化、休閒設施。

2. 建築裝修工程：建材、防火、防水、財產、燈俱。

3. 消防機電工程：電氣設備、弱電設備、消防設備、空調設備、給排水設備。

課題 2.2.3.1
公共設施點交土木建築工程類別的關鍵要素

公設點交關鍵的因素之土建工程構面的關鍵要素：(1) 面積丈量為重要因素之一，曾經有一個案例[4]大樓公設比達 26%，公設卻只有門廳，經向地政機關調閱建物謄本，計算出車位面積，才發現社區裡每個車位的面積都被偷了一些，而這些被偷的面積被攤在其他的公設中賣給所有住戶，因此透過專業技師丈量才能確認建商是否合乎圖面規劃的面積；(2) 建材為重要因素之二，建材攸關建築品質，但是住戶並無法實際參與建築施工過程監督品質，故所使用的建材鋼筋、水泥、水泥砂漿、管材、線材、填縫等，需透過相關公正單位所提供的檢測報告加以查驗，如材料試驗報告、混凝土氯離子含量檢測證明、無海沙證明、預拌水泥磅數證明、預拌水泥含量檢測證明、鋼筋品質檢測（無輻射鋼筋）證明等；(3) 竣工圖圖面與現場校對為重要因素之三，部分建商會在取得使用執照後，違法二次施工，將公共空間做為健身房或是交誼廳使用或是把機車位塗銷後，重新施做成公設，改成了交誼廳、閱覽室、大廳等，為避免日後糾紛，應將竣工圖圖面與現場詳實校對；(4) 植栽與綠化工程為重要因素之四，植栽常容易被遺忘，但是大型植栽由於遠從他處移植過來故容易發生枯死，而大型植栽價格不斐，故也是需妥善檢查其存活狀況；(5) 休閒設施為重要因素之五，不少建商為迎合消費者購屋口味，紛紛在社區規劃游泳池、健身房、蒸汽室、社區電影院、交誼廳、撞球室等多項豐富休閒設施，這些

4　資料來源：https://tthankyou3.pixnet.net/blog/post/227359325

公設在行銷階段，確實有助提高產品賣相，但在交屋時，可依建商銷售之DM 或合約進行點交設施。

課題 2.2.3.2
公共設施點交建築裝修工程類別的關鍵要素

　　公設點交關鍵的因素之建築裝修工程的關鍵要素：(1) 建材爲重要因素之一，例如瓷磚、大理石、門、窗、玻璃等與合約的核對或門窗玻璃之抗風壓、防水認證或瓷磚及大理石的施工品質等，常見瓷磚及大理石安裝瑕疵造成空心，日後容易因溫度變化產生隆起破壞；(2) 防火工程爲重要因素之二，公設區室內裝潢裝修防火，如天花板爲火焰延燒成災最具決定之部位，因此需要有較高的防火性能，而燈具之篩光板，宜選擇不易軟化、熔融材料，最好可耐溫 400℃以上。另外，輕量隔間牆如爲普通分間牆，面板依建築法規使用適當合格耐燃材料，若爲防火構造分間牆，除面板耐燃性規定外，牆體組合構造亦須具有合格防火時效性能，還有輕隔間出場證明及試驗報告等都是點交重點；(3) 防水爲重要因素之三，漏水爲常見缺失，尤其是地下室連續壁常見防水未處理好造成漏水問題，或是一下雨地下室就牆壁漏造成地面積水，另外，防水閘門漏水也是常見缺失；(4) 傢俱或藝術品等財產爲重要因素之四，傢俱或藝術品常容易被遺忘，但是公設區常配置高檔家具如進口沙發、桌椅或高檔藝術品，如名畫或雕刻藝品等價格不斐之財產，另外社區常見媽媽教室也常見配置豪華進口廚具及櫥櫃動輒百萬，故也是需妥善檢查其狀況；(5) 燈俱爲重要因素之五，燈俱照明與耗能及安全息息相關，故夜間照明、公共空間照明、戶外

景觀照明以及室內燈具照明查驗也是點交重點，有些建商在高檔豪宅提供豪華水晶吊燈價值不斐，也是點收重點。

課題 2.2.3.3
公共設施點交消防機電工程類別的關鍵要素

公設點交關鍵的因素之消防機電工程的關鍵要素：(1) 電氣設備為重要因素之一，如電力系統、電梯、發電機、通風設備及避雷針等電氣設備攸關社區安全運作，都是查驗重點；(2) 弱電設備為重要因素之二，攸關社區門禁安全的門禁卡管制系統、停車場車牌辨識門禁管理系統、錄影監控系統以及對講機系統等都是查驗重點；(3) 消防設備為重要因素之三，包括廣播系統、受信總機、滅火器、消防栓箱、消防泵浦、灑水泵浦、泡沫泵浦、採水泵浦、進排煙閘門、進排煙馬達、逃生設備以及緊急照明燈等都是查驗重點；(4) 空調設備為重要因素之四，公共空間或俱樂部的冷氣空調與通風設備都是查驗重點；(5) 給排水設備為重要因素之五，包括蓄水池、水塔、揚水泵浦、汙水泵浦、廢水泵浦及汙水處理設備都是查驗重點。

課題 2.2.3.4
公共設施缺失改善追蹤管考

委託第三公正單位進行公共設施點交之後，最重要的工作就是物業經理必須落實公共設施缺失改善追蹤管考，若未嚴格執行公共設施缺失改善追蹤管考，等於前功盡棄，在此整理物業管理業者協助落實執行缺失改善

追蹤管考做法如下：

1. 每日追蹤第三公正專業公司所開立的缺失表。

2. 定期和建商指定派任的窗口協調工程進度。

3. 較大型的工程須要公告住戶。

4. 社區經理匯整各項缺失分類製作修繕報告進度。

5. 修繕計畫分日、週、月表列公告。

6. 定期與建商代表及第三認證公司開進度討論會議。

7. 每日更新工程進度回報管理委員會。

8. 每月定期和第三公正專業公司及建商再次會勘。

9. 每月社區公告修繕完成進度。

課題 2.3
新成屋後陽台風雨窗的樣式

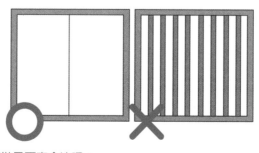

新成屋後陽台自行加裝風雨窗合法嗎？

小叮嚀：管委會為求外觀統一而制定風雨窗樣式，但加裝於外牆的鐵（鋁）窗基本上都是違法的，千萬別被不肖的物業經理或業者欺騙而誤信高價的專利品是「合法的風雨窗」，只要有人檢舉仍會被當成違建拆除。

　　新成屋後陽台自行加裝風雨窗合法嗎？《建築法》規定，建築物非經申請主管建築機關的審查許可並發給建築執照，不得擅自建造、使用或拆除，而且陽台設定為逃生空間，因此交屋後在陽台裝上鐵（鋁）窗（外推）這種作法無論是在公寓或大廈都是違法，而唯一特殊的例外是公寓大廈管理條例第 8 條規定：「公寓大廈有十二歲以下兒童或六十五歲以上老人之住戶，外牆開口部或陽臺得設置不妨礙逃生且不突出外牆面之防墜設施。防墜設施設置後，設置理由消失且不符前項限制者，區分所有權人應予改善或回復原狀。」因此若家中有十二歲以下兒童或六十五歲以上老人之住戶得設置市面上常見的隱形鐵窗等防墜設施。

　　雖然建商交屋之後在陽台裝上鐵（鋁）窗是違法的，但是台灣地區有颱風及豪雨等天候問題，因此許多住戶多半會要求能在後陽台裝上鐵（鋁）窗以免後陽台積水、淹水或遭強風侵襲，因而通常會經區分所有權人會議決議委由管委會制定統一的風雨窗樣式，由住戶或區分所有權人自行訂購鐵（鋁）窗以求大樓外觀整齊劃一，但須注意的是只要有人檢舉加裝於外牆的鐵（鋁）窗仍會被當成違建拆除。

　　而管委會制定統一的風雨窗樣式時應注意避免採用特殊規格之專利品以免有圖利特定廠商之嫌，在實務上也曾發生不肖的物業經理為賺取回扣，竟然誘導管委會採用專利品，並欺騙管委會該專利品是「合法的風雨窗」，其他的都是「違法的風雨窗」，但後來被委員踢爆根本沒有「合法的風雨窗」，管委會要求該專利品廠商向主管機關發函並提供「合法的風雨窗」證明文件給管委會，最終發現是一場騙局，根本無法提供「合法的風雨窗」證明文件。由於建商交屋後再自行訂製於陽台的風雨窗基本上都是違法的，若是裝設高價之特殊規格專利品，萬一被檢舉違建被報拆反而

是損失慘重。因此建議管委會可選擇較一般常見的氣密窗規格即可，社區住戶也比較容易自行找到廠商施作，同時可避免管委會被質疑圖利特定廠商。

課題 2.4
裝潢管理及施工期間的防護措施與石材養護

交屋裝潢施工期間需要做那些防護措施？

小叮嚀：建議由管委會負責裝潢施工期間公設區域防護，不僅梯廳及電梯的防護材料可重複使用較為環保，且節省屋主的錢也能深獲好評。

　　交屋裝潢施工期間需要做哪些防護措施？管委會雖有義務制定裝潢管理辦法來約束交屋後裝潢施工廠商的作為，保護公共環境不受施工廠商作

業汙染及損害，但在實務上因為公共設施未點交之前，建商也特別擔心裝潢施工廠商進場造成公共區的損傷，再加上剛交屋期間的物業公司是建商所聘任的，因此目前大多數代管期的物業公司對於裝潢施工廠商大多定有嚴格的裝潢管理辦法，但是此舉嚴格說起來是花屋主大筆的錢來保護公共設施，舉例而言，以現今的梯廳裝潢保護以及電梯的防護措施，光一個梯廳用木板包起來保護也要價 1 萬元，施工電梯的防護措施也要價 9 千元，因此每位屋主還沒開始裝潢就要先花大約 2 萬元來做梯廳裝潢保護以及施工電梯的防護措施，不僅浪費錢更是不環保的作法，這樣的管理模式確實有待商榷。故建議由管委會負責裝潢施工期間公設區域防護，不僅梯廳及電梯的防護材料可重複使用較為環保，且節省屋主的錢也能深獲好評，在此建議將交屋裝潢施工期間的防護管理措施分成以下三個階段：

階段一：從建商完工開始交屋的第一年防護管理措施：這段時間是裝潢施工高峰期，由於裝潢戶多因此破壞力較強，故建議公共區的施工防護採用木板防護，這個階段會讓社區看起來比較像工地。

階段二：從建商完工交屋的第二年防護管理措施：這段時間裝潢施工較為零星，基於考慮整體社區環境觀感，故建議公共區的梯廳施工防護採用木板防護，而電梯的防護採用訂製透明壓克力板防護或訂製電梯車廂防護掛毯來保護電梯，這樣會讓社區看起來比較有質感。

階段三：從建商完工交屋的第二年的石材地板的養護措施：現今公共區域的地板大多是石材或拋光石英磚，雖然建商完工開始陸續交屋的第一年有對地板進行保護，但經過一年的高度使用，石材表面的亮度已大不如前嚴重影響社區美觀，故建議可找專業石材養護廠商來進行專業保養。

課題 2.5
各項管理辦法之訂定

新成立的管理委員會還需要制定哪些管理辦法？

小叮嚀： 管委會制定各項管理辦法中最重要的是採購管理辦法，在實務上也曾發生物業經理藉由採購賺取回扣或虛空挪用公款，甚至有的主委為了掌控採購大權不願意制定採購管理辦法，因此建議管委會應該要制定嚴謹的採購辦法並確實執行，不僅可杜絕不肖物業經理賺取回扣或虛空挪用公款弊端，同時可避免管委會被質疑圖利廠商。

　　新成立的管理委員會還需要制定哪些管理辦法？一般須訂定：(1) 公共設施相關管理辦法：內容涵蓋閱覽室使用管理辦法、會議室使用管理辦法、宴會廳使用管理辦法、KTV 視聽室使用管理辦法、媽媽教室使用管理辦法、電影院使用管理辦法、兒童遊戲室使用管理辦法、交誼廳使用管理辦法、三溫暖區使用管理辦法、健身房使用管理辦法、游泳池使用管理辦法；(2) 行政業務相關管理辦法：內容涵蓋採購管理辦法、財務管理辦法、文件保管管理辦法；(3) 環境安全衛生相關管理辦法：裝潢施工（修繕）管理辦法、租售暨仲介人員管理辦法、垃圾及環保管理辦法、寵物管

理辦法、門禁管理辦法、大廳管理辦法、住戶遷出遷入管理辦法、停車場
管理辦法。

 課題 2.5.1
公共設施相關管理辦法

　　在此將公共設施相關管理辦法之管理重點事項說明如下：

1. 閱覽室使用管理辦法：本辦法主要針對閱覽室開放時間（如 10：
00AM～9：00PM）或日期（如週一固定清潔消毒不開放）以及使用對
象進行規範與限制（如訪客需由住戶陪同方能使用），同時明列使用規
則如採預約制或禁止喧嘩、奔跑以維持室內安寧或嚴禁攜帶寵物進入等
相關使用規則細節。

2. 會議室使用管理辦法：本辦法主要針對會議室開放時間或日期以及使用
對象進行規範與限制（如訪客需由住戶陪同方能使用），同時明列使用
規則，如採預約制或禁止喧嘩、奔跑以維持室內安寧或嚴禁攜帶寵物進
入等相關使用規則細節。

3. 宴會廳使用管理辦法：本辦法主要針對宴會廳開放時間或日期以及使用
對象進行規範與限制（如訪客需由住戶陪同方能使用），同時明列使用
規則，如採預約制或收費標準，登記使用時是否須支付押金或嚴禁攜帶
寵物進入等相關使用規則細節。

4. KTV 視聽室使用管理辦法：本辦法主要針對 KTV 視聽室開放時間或日
期以及使用對象進行規範與限制（如訪客需由住戶陪同方能使用），同

時明列使用規則，如採預約制或收費標準，登記使用時是否須支付押金，或規範撥放影片內容之法律責任等相關使用規則細節。

5. 媽媽教室使用管理辦法：本辦法主要針對媽媽教室的廚房或吧台設備與空間開放時間或日期，以及使用對象進行規範與限制（如訪客需由住戶陪同方能使用），同時明列使用規則，如採預約制或收費標準，登記使用時是否須支付押金或設備損害賠償等相關使用規則細節。

6. 電影院使用管理辦法：本辦法主要針對電影院開放時間或日期，以及使用對象進行規範與限制（如訪客需由住戶陪同方能使用），同時明列使用規則，如收費標準或採扣點制，場地使用限制或環境衛生安全管理等相關使用規則細節。

7. 兒童遊戲室使用管理辦法：本辦法主要針對兒童遊戲空間與設備開放時間或日期，以及使用對象進行規範與限制（如訪客需由住戶陪同方能使用），同時明列十二歲以下兒童須由家長全程陪同進入，或環境衛生安全管理等相關使用規則細節。

8. 交誼廳使用管理辦法：本辦法主要針對交誼廳開放時間或日期，以及使用對象進行規範與限制（如訪客需由住戶陪同方能使用），同時明列十二歲以下兒童須由家長全程陪同進入，或環境衛生安全管理等相關使用規則細節。

9. 三溫暖區使用管理辦法：本辦法主要針對三溫暖設備與空間開放時間或日期，以及使用對象進行規範與限制（如訪客需由住戶陪同方能使用），同時明列使用規則，如採扣點制或考量安全規範未滿十二歲及120公分以下之兒童如使用烤箱、蒸氣室及泡湯區應由家長全程陪同，患有高血壓、心臟病、皮膚病、癲癇症、糖尿病、心血管疾病、其他傳

染病及身體不適者一律嚴禁入池，以及環境衛生安全管理等相關使用規則細節。

10. 健身房使用管理辦法：本辦法主要針對健身房開放時間或日期，以及使用對象進行規範與限制（如訪客需由住戶陪同方能使用），同時明列使用規則，如採扣點制或考量安全規範十五歲以下禁止進入健身房，未滿十六歲者禁止使用重量訓練器材，以及環境衛生安全管理等相關使用規則細節。

11. 游泳池使用管理辦法：本辦法主要針對游泳池開放時間或日期或季節（如僅開放夏季或整年開放）以及使用對象進行規範與限制（如訪客需由住戶陪同方能使用），同時明列使用規則，如採扣點制或考量安全規範十二歲以下兒童，應由大人全程陪同進入泳池區內，以及遵守服務人員（救生員）之說明指導與環境衛生安全管理等相關使用規則細節。

 課題 2.5.2
行政業務相關管理辦法

在此將行政業務相關管理辦法之管理重點事項說明如下：

1. 採購管理辦法：本辦法主要針對社區採購業務進行規範與限制，以期資金經費最有效管控與運用並杜絕關說及收取回扣等弊端，同時明列採購程序分成四階段：(1) 請購；(2) 採購；(3) 驗收；(4) 核銷，依法辦理落實公開透明以取信於全體社區住戶。其中採購金額核准權限建議應分散

於不同委員或採集體決策，如採購金額未滿新台幣伍仟元，由副主任委員核定；採購金額新台幣伍仟元（含）以上，未滿貳萬元，由主任委員核定；採購金額新台幣貳萬元（含）以上，未滿貳拾萬元，由管理委員會核定。通常社區規約都會規範管委會採購金額上限為貳拾萬元或參拾萬元，因此在制定本辦法之採購金額核准上限應遵守社區規約。採購方式等相關細節亦應詳細規定，如應檢附請購單並載明單價、數量及規格，而採購金額在新台幣十萬元以上，由管理委員會公開詢價三家以上合格廠商之報價單，並經管委會辦理公開競標與比議價後，逕行採購。另外，辦理核銷之步驟，應依採購金額之大小備妥憑證，會簽呈報財務委員、監察委員、副主任委員、主任委員，同時，採購案件之執行，管委會及住戶得不定期稽核，力求整體採購流程公開透明。

2. 財務管理辦法：本辦法主要針對會計事務及出納事務等與財務相關之管理相關規範細節。會計事務包括會計收支報告、會計帳務整理、預算編制執行等項目。出納事務包括管理費收繳保管、支付及催繳等項目。如規範會計收支報告應包括收支統計表、收支明細表及專戶存款餘額記錄並規定物業服務中心應於次月五日前，將上一月之財務報表呈報財務委員審查，並經監察委員及主任委員審議通過後公佈之。而預算書編製執行規範管委員會自接管事起算日起，每屆滿一年前兩個月內，應編製下一年度之管理費用預算書與上一年度之收支算報告書，提交區分所有權人會議審議通過後公布施行之。同時也明定管理費用之收費標準。

3. 文件保管管理辦法：本辦法主要針對社區文件保管管理等相關規範細節，針對社區公寓大廈文件之保管，訂定文件保存年限、保管方式及閱覽、影印規定。

課題 2.5.3
環境安全衛生相關管理辦法

在此將環境安全衛生相關管理辦法之管理重點事項說明如下：

1. 裝潢施工（修繕）管理辦法：本辦法主要針對社區新交屋住戶裝潢施工或修繕施工作業進行規範與限制，以期於施工期間有效管理並做好管制施工人員車輛物料等進出，維護整體環境清潔、安寧與全體用戶之權益而定的相關管理辦法，主要內容規定「裝潢保證金」金額、人員車輛物料進出管制、施工動線及當樓層梯廳保護、消防及水電設備裝修時應特別注意事項、施工時間規定等。

2. 租售暨仲介人員管理辦法：本辦法主要針對社區住戶委託仲介公司租售行為，針對仲介公司及人員門禁管制及相關管理作業進行規範與限制，主要內容規定住戶應先向管理服務中心報備，並請仲介公司及人員遵守社區各項門禁管制及相關管理作業，嚴禁仲介人員擅自進入本社區或到處遊走進行仲介工作，並訂定仲介人員帶客來訪次數、帶客參觀人數上限以及清潔費收費標準等。

3. 垃圾及環保管理辦法：本辦法主要針對社區垃圾處理及環保回收業務進行規範與限制，主要內容規定垃圾處理室暨資源回收空間開放時間、垃圾以及資源回收物集中前注意事項、較大型垃圾處理方式、一般垃圾處理方式（規範是否需使用各地方政府指定的專用垃圾袋裝一般垃圾，有的社區聘有專業垃圾清運公司負責清運並不一定要使用政府指定的專用垃圾袋，好處是住戶較方便，缺點是因為沒使用專用垃圾袋以致垃圾分類不確實導致垃圾量大增）、裝修垃圾處理方式（一般裝修廢棄物均須

由承包商自行清運，嚴禁任意推置或丟棄於任何公共設施或公共區域）等。

4. 寵物管理辦法：本辦法主要針對社區住戶飼養寵物進行規範與限制，主要內容規定寵物飼養種類應以一般小型家庭寵物為原則，飼養人須確實付出愛心並負起照養責任。住戶不得飼養容易干擾其他住戶居住安寧或保育類、兇禽猛獸或爬蟲類動物、寵物嚴禁進入社區室內公共區域內等規定。有些社區若是在規約明定禁止住戶飼養寵物，那就不能養寵物，所以喜歡養寵物的朋友搬到新社區之前最好先了解是否規約有禁止住戶飼養寵物條款。

5. 門禁管理辦法：本辦法主要針對社區門禁管制範圍包括住戶、訪客、施工、仲介、推銷等人員及車輛之管制進行規範與限制，主要內容規定非住戶之訪客均需先至服務櫃檯登記或換證，經通報住戶或由物業服務中心確認訪客身份後，方得進入社區，以維護全區門禁安全。其他施工人員及其車輛依裝潢施工（修繕）管理辦法辦理、仲介及其車輛依租售暨仲介人員管理辦法辦理、住戶車輛管制事宜依照本社區「停車場管理辦法」辦理。

6. 大廳管理辦法：本辦法主要針對社區大廳、廊道之管理機制進行規範與限制，以保障社區生活與服務品質，主要內容規定櫃台祕書行政服務時間、櫃檯信件包裹招領時間、訪客通報時間及登記、辦公區與櫃檯內屬於管理委員與服務人員公務專用。

7. 住戶遷出遷入管理辦法：本辦法主要針對社區住戶搬家過程中的管理進行規範與限制，以利建立社區住戶之詳實資料，進而達到良好之雙向溝通與住戶管理，主要內容規定搬運中電梯車廂，天、壁面需用 PE 板保護、地板需鋪設 PE 板保護，陽角牆面加強防護，禁止刮傷及破壞電

梯。並規定搬家前是否需先繳付押金以及押金的金額等。

8. 停車場管理辦法：本辦法主要針對社區停車場使用管理進行規範與限制，以維護社區停車場之秩序及各區分所有權人之權益，主要內容規定車位空間專供社區住戶車輛停放使用，除依法提供緊急避難外，不得放置私人物品或用於它途、規範一車位僅供一輛車使用、規範臨時停車的收費標準、規範停車場車位可否對外出租、外售、外借予非本大廈住戶以外之第三者使用（基本上停車位屬於公設的一部分，除非有獨立產權否則是不能外售給本大廈住戶以外之第三者使用）等。

　　管委會制定各項管理辦法中最重要的是採購管理辦法，在實務上也曾發生物業經理藉由採購賺取回扣或虧空挪用公款，甚至有的主委為了掌控採購大權不願意制定採購管理辦法，因此建議管委會應該要制定嚴謹的採

物業經理未依採購管理辦法確實公開招標資訊，意圖圖利廠商。

拆穿不法物業經理伎倆：檢核公開招標資訊是否確實傳送到該社區所在地相對應的廠商同業公會，當例行性的公開招標所來的投標廠商完全沒有當地的廠商或投標廠商很少時便要特別注意。

購辦法並確實執行，不僅可杜絕不肖物業經理賺取回扣或虧空挪用公款弊端，同時可避免管委會被質疑圖利廠商。

　　茲舉一社區因物業經理未依採購管理辦法確實公開招標資訊，意圖圖利廠商被委員揭穿之實際案例：新北市某社區第一屆管委會發生過物業經理意圖藉由採購賺取回扣，而在清潔業務之大宗金額採購上故意隱瞞公開招標資訊，不提供給在地的清潔公會，護航原先物業經理找來的清潔廠商（該社區是新社區，建商把安排清潔廠商的任務交給所聘任的物業經理），該社區位於新北市，依採購辦法辦理公開招標清潔廠商，但很奇怪完全沒有新北市的清潔公司來投標，只有台北市跟桃園市的廠商（桃園來的是目前清潔廠商）各一家來競標，導致流標而進行第二次招標公告，經委員查證是該物業經理沒有把公開招標資訊給新北市清潔公會，因此完全沒有新北市當地的清潔公司來投標，後來經委員糾正要求把公開招標資訊給新北市清潔公會後，又多了好幾家投標，最終第二次招標決標經過議比價，把原來物業經理找來的清潔廠商換掉了，即幫社區省錢又提供更多回饋項目，如洗水塔及環境消毒等。所以訂一個好的採購管理辦法並確實執行，可落實幫社區找到更實惠的合作廠商並節省社區經費。

課題 2.6
高額例行性業務公開招標採購

管理委員會需要進行哪些高額例行性業務公開招標採購？

小叮嚀：管委會也是管理眾人之事，若把管委會視作一個小政府，那麼管委會執行經費不就是跟政府花納稅人的錢的道理一樣嗎？對於高額採購業務應該要辦理公開招標且要有嚴格的監督管理機制以杜絕貪瀆。第一屆管委會最先遇到的採購案就是承接社區物業及保全公司以及清潔維護公司的公開招標採購業務。而機電維護以及園藝植栽業務則須等待公設點交完成後，建商將公共設施完成移交給管委會後再來辦理公開招標採購。

　　由於我國制度上管委會屬民間自治團體，因此經費執行上往往不像政府機關公部門的經費執行受到嚴格的監督管理，但個人認為管委會的經費都是來自每一位區分所有權人繳納的管理費，而管委會也是管理眾人之事，若把管委會視作一個小政府，那麼管委會執行經費不就是跟政府花納稅人的錢的道理一樣嗎？應該要有嚴格的監督管理機制以杜絕貪瀆。因此

管委會需依照採購管理辦法進行高額例行性業務公開招標採購，在此特別建議採購時採用「公開招標」並應將相關規定於採購管理辦法明定之，以免採購過程產生弊端，損及管委會的公信力以及住戶對管委會的信任。

第一屆管委會成立後最先遇到的採購案就是承接社區物業、保全公司以及清潔維護公司的公開招標採購業務。而機電維護以及園藝植栽則須等待公設點交完成後（通常多半是交屋後 1 至 2 年之間），於建商將公共設施完成移交給管委後，再來尋找機電公司以及園藝公司來承接機電維護以及園藝植栽養護工作。

而為何簡單的社區安全管理工作竟然需要委託給物業公司及保全公司分別來管理呢？最主要的原因就出在於物業管理公司（或公寓大廈管理維護公司）的主管機關是內政部營建署，而保全公司的主管機關是內政部警政署，因此在台灣從事社區安全管理工作的公司通常都會有物業管理公司（或公寓大廈管理維護公司）及保全公司兩張牌照。社區經理以及社區祕書是由物業管理公司（或公寓大廈管理維護公司）招聘，保全員則是由保全公司招聘。

第一屆管委會須注意若招聘物業公司及保全公司時，建商告知代表擔任委員時，應注意若是建商指派的委員以物管保全公司與建商簽有一年合約，建議管委會不用更換物業以及保全公司時，此時管委會應詢問是否為建商代管期一年？若是建商代管期一年，所有的保全及物業公司費用皆須由建商支付，管委會則無須支付保全及物業公司費用。但若是建商不支付保全及物業公司費用，則管委會絕對有權可更換保全公司以及物業公司。

課題 2.6.1
公開招標採購程序與底價訂定注意事項

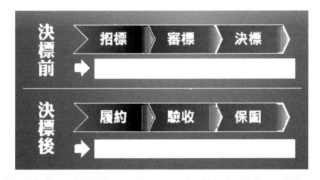

小叮嚀：社區管委會非公家機關，因此公開招標並無相關資訊系統可公告周知，所以管委會應特別注意採購過程中招標文件是否有被傳送到相對應的職業同業公會，以免被圍標。辦理議價之前必須先依照採購管理辦法召集相關委員（如主委、副主任委員、監察委員、財務委員）共同制訂底價並不得洩漏底價。

　　公開招標採購程序採購程序如下，但由於社區管委會非公家機關，因此公開招標並無相關資訊系統可公告周知，所以管委會應特別注意採購過程中招標文件是否有被傳送到相對應的廠商同業公會（例如若是位於台北市的社區保全業務招標標單，可送到台北市保全公會或是新北市保全公會），因為若是招標文件未被送達相應之廠商同業公會把資訊公開，則可能會造成參與競標廠商過少而流標，或是遭有心人士找來少數幾家公司來圍標，容易衍生弊端。

1. 採購規劃：確定採購金額及預算金額，擬定採購項目、規格及需求等，決定招標方式及決標原則。

2. 提出採購申請：提送採購申請表、投標須知及契約條款簡表、採購規格表、經費核定公文等文件。

3. 製作招標文件：由社區經理依採購申請文件製作招標文件送管委會審查。

4. 採購申請及招標文件陳核：陳報主任委員（或其授權人員）或於管委會會議核定。

5. 辦理招標作業程序：依採購金額、招標方式及決標原則，辦理後續招標作業，管委會應特別注意招標作業過程中招標文件是否有被傳送到相對應的廠商同業公會。

6. 辦理第一次廠商書面資料初審作業：通常第一次來投標的廠商家數較多，若全部通知來進行簡報則時間過於冗長，因此可先進行書面資料審查，挑選約 15 家合適的廠商前來簡報。

7. 辦理第二次廠商評審作業：事先設計好廠商評分表格，可依據簡報內容、服務計畫書內容、價格合理性及公司規模等各項因素進行評分，邀請先前所挑選的 15 家廠商到社區簡報，並且要事前通知住戶並開放給住戶前來聆聽簡報，所有委員採無記名方式評分，同時為避免每位委員分數落差影響排序造成爭議，可採序位法進行評比，以所有委員評審結果累計總序位最低者為優勝，並通知總序位最低之前五名進行下一輪的議價。

8. 辦理廠商議價作業：辦理議價之前必須先依照採購管理辦法召集相關委員（如主委、副主任委員、監察委員、財務委員）共同制訂底價並不得洩漏底價，為使採購過程公開透明，議價過程可邀請全體委員參與並開放給社區住戶旁聽。首先邀請評審結果累計總序位最低者優先議價，若

第一家廠商經議價後同意減價至低於底價則由該廠商得標，若無法同意減價至低於底價則再請評審結果累計總序位第二低者進行議價，依此類推直到有廠商願意以低於或等於底價的價格承接為止。

底價訂定時須注意遵守採購管理辦法之規定，例如若是採購辦法規定「底價之制訂由主委、副主任委員、監察委員、財務委員詢議訂定」，則決標之底價就必須由主任委員、副主任委員、監察委員及財務委員於當日開標前共同商議制定底價，並恪守不得洩漏底價之義務。茲舉一社區因未制定採購管理辦法，主任委員洩漏底價之實際案例：某新北市社區第一屆管委會針對社區物業及保全公司進行採購，雖然管委會討論決議針對社區物業及保全公司採購案採公開招標，但是因為新社區一開始並沒有制定「採購管理辦法」，而原本評選會議有討論出一個底價，但是到了開標前，主任委員卻臨時宣布他會定一個新底價，而且只有他知道正確的底價，且與原本討論所制定底價不一樣。該次採購案開標結果，是某家優先

底價×××元

壞主委

收到！太謝謝您！

廠商

社區因未制定採購管理辦法，主任委員洩漏底價，意圖圖利廠商。

拆穿不肖主委伎倆：主委宣布由他一人單獨制定底價，而得標廠商議價時卻出現得標金額與底價一模一樣，顯然該不肖主委洩漏底價圖利廠商違法事實俱在。

議價的廠商減價後的價格，竟然與主任委員制定的新底價完全一模一樣，主任委員直接宣布該公司得標，但是這樣的結果很難不令人懷疑該主任委員有洩漏底價之嫌，因此建議社區一定要制定「採購管理辦法」，至少由主任委員、副主任委員、監察委員及財務委員等四位委員於正式開標前一刻共同制定底價，以杜絕不肖主任委員洩漏底價圖利廠商，私底下收取廠商回饋等弊端，損及整體社區權益。

　　除了底價的問題，社區物業及保全公司採購公開招標經常遇到留任社區經理的問題，基本上個人認為若是社區經理表現認真負責獲得全體住戶及委員一致肯定，在面臨公開招標可能變更服務公司時留任社區經理無可厚非。但若要留任優質的社區經理，那應該要在招標公告或標單上註明要留任現任社區經理，並且標單上也應要明列社區經理薪資，以免造成採購爭議或流標。在此舉一實際案例，某社區第一屆管委會針對社區物業及保全公司採購案採公開招標，但在招標公告或標單上並未註明要留任現任社區經理，也未在標單上明列社區經理薪資，但是親近建商派的委員卻在廠商評選會議上臨時提出要留任現任社區經理，基本上這個社區委員總人數僅 7 人，而親近建商的委員占多數，由於本案採公開招標，因此原來建商所採用的物業及保全公司不具價格競爭力，但親近建商的委員考量需要能聽話配合的物業經理來儘速完成公設點交，因此親近建商派的委員臨時在廠商評選會議上，以更換物業公司後需要熟悉社區事務的現任經理留任作為冠冕堂皇的理由，提案留任現任經理並且要保障月薪 5 萬，但實際上這個理由是不存在的，因為連總統這樣的國家大事的職務都能順利交接換人做了，社區經理的職務也一定可以順利交接換人做。雖然有住戶提出不應因人設事，以及委員提出絕大多數管委會多不留任建商聘任的物業經理，

以免有爲建商護航公設點交之嫌，但親近建商派的委員藉著人數優勢強行提案通過留任現任經理且保障月薪 5 萬。

　　基本上在上述情況下應避免留任社區經理，除了要避免因人設事，讓社區建立制度之外，更重要的是避免讓住戶有管委會爲建商護航公設點交之嫌的不佳觀感。當然更重要的是，上述案例這樣的作法確實爲社區帶來一些不好的影響，茲說明如下。

　　首先在經過評選會議之後，評選最高分的廠商優先進入議價程序，而主任委員也宣布最高分的廠商減價後剛好進入底價得標，但是這時候安全委員跳出來說得標廠商必須同意留任現任經理並且要保障月薪 5 萬，這時候最高分的廠商馬上表示沒辦法以減價的價格承接，要求必須要再追加 2 千元不然不願意承接，最後這家評選最高分的廠商不願意承接以棄標收場。

　　接著評選第二高分的廠商進入議價程序，而主任委員也宣布第二高分的廠商減價後低於底價得標，同樣的這時候安全委員跳出來說得標廠商必須同意留任現任經理並且要保障月薪 5 萬，這時候第二家廠商代表面露難色，表示標單並未公告要留任現任經理並且要保障月薪 5 萬，他們報價物業經理的薪資約在 4 萬元，現在的報價並未將這項成本列入，後來幾經討價還價，管委會同意以第二家廠商原報價價格不再減價承接社區管理業務，第二家廠商才勉強同意承接，然而第二家廠商原報價價格仍然低於底價將近 1 萬元。

　　最後第二高分的廠商雖然依約承接該社區的物管及保全業務，但是後來由於該社區的安全委員跳過主任委員，很強硬的直接打電話要求第二家廠商必須要保障月薪實領 5 萬（基本上社區對外事務應以主任委員爲代

表），原本該公司以爲月薪 5 萬是含勞健保，結果安全委員要求要給留任的社區經理實領月薪 5 萬，這樣換算起來物業公司在物業經理的成本將近 7 萬，該物業公司當然有意見，更誇張的是該主任委員還爲了該名經理的薪資問題直接去找該公司主管協商，當然該公司在主任委員的壓力之下還是妥協了！但是犧牲的是整體的服務品質以及其他社區服務人員，如祕書以及保全的權益，因爲該公司承接社區業務的總預算是固定的，物業經理領走大部分薪資，相對的就會壓縮到祕書以及保全的薪資，但基本上社區每一位工作人員都很重要，管委會應該要公平的照顧每一位員工並給予合理的待遇，而非僅照顧物業經理一人。這樣不公平的環境下因此造成該社區出現了社區祕書年紀偏長以及流動率偏高的問題，影響社區人員穩定性及服務品質。

公開招標時要留任社區經理卻未在標單載明留任社區經理及其薪資，造成社區管理品質欠佳。

拆穿不肖建商伎倆：不肖建商把持管委會，當公開招標造成其所聘任的物業公司被更換時退而求其次就是去綁定所聘任的物業經理幫忙暗中護航公設點交。所以以更換物業公司必須要有熟悉社區的物業經理為理由留任，這種理由是不存在的，因為連總統這種國家大事的職務都能順利交接換人做了，社區經理的職務也一定可以順利交接換人做。

課題 2.6.2

如何評選優質物業及保全公司

管委會如何評選優質物業及保全公司？

小叮嚀：管委會可優先選擇：(1) 規模大的公司，以落實更好的監督管理機制以及提供專業技術支援；(2) 公司管理鄰近社區占有率高，以便若社區發生緊急事件需調派支援人力，更能調度彈性人力支援社區；(3) 考察投標廠商排序前三名所管理案場並打聽這些公司信譽及口碑。

　　管委會如何評選優質物業及保全公司可從下列幾項條件來判斷：

1. 公司規模：基本上將公司規模列為評選條件的著眼點是：(1) 若有突發事件造成社區嚴重損失時，具規模之物業及保全公司較有能力負擔社區損失，例如以往常見社區經理將社區應支付給廠商的款項捲款潛逃或長期侵占公款，發現時常常高達數百萬的社區公款被社區經理侵占，若是公司規模太小恐無力承擔社區損失；(2) 具規模之物業及保全公司較有專業技術支援能力，由於社區管理面臨各式各樣五花八門的問題，現場服務人員通常僅有社區經理、祕書與保全人員，但往往各種突發狀況的

問題涵蓋建築、機電、結構、園藝、消防及防災等各種專業領域，具規模之物業及保全公司較有專業團隊可提供專業諮詢服務；(3) 具規模之物業及保全公司有較嚴格的稽核制度，基本上管委會的委員屬於義務職，平時委員也各有自的工作要忙碌，因此通常也不會有太多時間去監督管理社區現場的工作人員，所以有嚴格的稽核制度是很重要的，可以落實社區現場工作人員的監督管考，避免缺乏監督造成弊端叢生；(4) 判斷公司規模大小基本上可以從公司資本額、公司年度營業額以及年度管理案場的數量可得知該物業及保全公司的經濟規模。

2. 管理鄰近社區占有率：現在社區管理因為成本考量，通常人力配置較為精簡，不會有過多的閒置或留守人力，因此若一但有突發狀況緊急需要人力支援，而公司在鄰近社區又沒有管理其他案場，故無法快速緊急調度人力支援，雖然大部分公司都有配置區域主管可做機動性支援，但是仍然沒有在鄰近社區緊急調度人力支援來的快速，因此公司管理鄰近社區占有率也是重要評選條件之一。此外通常保全必須是 24 小時都要有人上班，若是保全因生病或意外事故臨時不能到社區上班，公司若是管理鄰近社區數量多，人力支援調度彈性大，也比較容易快速找到其他保全來代班，不會發生保全空哨的情形，以免形成社區治安破口。

3. 考察管理案場：管委會也可以將考察投標廠商目前管理中的案場作為評分指標之一，因此可以要求投標廠商排序前三名的廠商提供目前管理中的代表性案場給委員進行參觀，以進一步了解投標廠商代表簡報內容是否屬實，從中了解該公司的管理績效。因此實地考察廠商所管理案場也是評選優質物業及保全公司的好方法。

4. 公司信譽及口碑：可以上網搜尋一下進入議價程序的幾家公司的相關新

聞報導也可以多少了解該公司的信譽及口碑，此外，若是鄰近社區有進入議價程序的公司也可以前去觀察一下社區管理的情況，也可以從社區住戶或保全打聽社區的管理服務品質，應該也很容易可以判斷出是否為優質的物業及保全公司。

 課題 2.6.3
如何評選優質物業經理以及如何決定薪資

管委會如何評選優質物業經理？

小叮嚀：管委會可參考下列職能與人格特質來評選優質物業經理：(1) 行政管理專業職能；(2) 社區管理專業職能；(3) 物業管理人格特質。其中具有責任感、執行力、抗壓性、高情商、積極熱心服務等人格特質是最重要的，因為其他的專業職能可以透過經驗累積以及後天學習來精進，唯獨人格特質是與生俱來的。

　　優質的物業經理要如何評選呢？首先先來了解社區管理的主要工作項目以及社區經理具備哪些專業職能[5]，接著便很容易知道如何評選優質的物業經理。

　　社區管理的主要工作項目可區分為九大項：

1. 法務相關工作項目：社區法律事務相關工作、管理費催繳、配合廠商敦促合約履行、訴訟出庭。

2. 財務相關工作項目：社區財務管理工作、編列財務報表、年度預算、損益表、財務軟體操作。

3. 行政相關工作項目：社區行政文書工作、工程修繕發包工作、社區大型採購招標、會議記錄。

4. 資訊相關工作項目：社區智慧化管理工作、社區 APP 管理系統、社區網頁管理。

5. 環保相關工作項目：社區環境清潔、消毒與維護工作、資源回收與垃圾清運、節能減碳。

6. 園藝相關工作項目：社區綠化與美化維護工作、園藝管理、植栽管理。

7. 設施相關工作項目：設施設備維護管理工作、社區公共設施點交、消防設施維護管理、機電設施維護管理、門禁監控等弱電設施維護管理。

8. 社區營造相關工作項目：社區總體營造、社區競賽活動參與、社區會議節慶活動、社區戶外旅遊及親子銀髮族團體活動。

9. 安全相關工作項目：保全勤務管理、巡邏環安、安全設備操控。

---

[5] 簡立明，應用層級分析法（AHP）建構物業經理適任性評量指標之研究，華夏科技大學資產與物業管理研究所碩士論文，2016。

　　針對以上九項社區管理的主要工作項目，可將物業經理必須具備的專業職能與人格特質分類條列如下：

1. 行政管理專業職能：(1) 辦理會議及記錄與行政文書處理（區分所有權人會議辦理與會議紀錄整理、發文公告文書資料整理）；(2) 法律事務（管理費催繳存證信函撰寫、配合廠商敦促履行合約、法律訴訟出庭與知識）；(3) 溝通應對技巧（傾聽住戶意見、待人接物客氣和善）；(4) 社區修繕及大型採購（工程修繕發包、大型採購案公開招標）；(5) 社區總體營造及規劃（規劃與辦理年度社區競賽活動、節慶活動、戶外旅遊及親子銀髮族活動等）。

2. 社區管理專業職能：(1) 辦公事務機具整合操控能力（電腦、投影機、印表機、網路）；(2) 電腦文書處理軟體及社區 E 化資訊軟體操作能力（Office、社區 APP、社區網頁）；(3) 財務能力（社區財報、會計基本能力）；(4) 安全門禁對講等弱電系統基本認識及故障排除；(5) 機電消防基本認識及故障排除。

3. 物業管理人格特質：(1) 責任感（對事情承擔責任負責到底）；(2) 執行力（確實執行事情有效率）；(3) 抗壓性（面對挫折，轉正能量應對）；(4) 高情商（EQ 高、面對不友善住戶能心平氣和、圓融處理、化解衝突）；(5) 積極熱心服務（主動積極協助社區事務、熱情服務住戶）。

　　針對以上三項物業經理必須具備的專業職能與人格特質不難發現評選一個優質的物業經理時，可以透過面談了解其是否具備主動積極、高情商、責任感、執行力及抗壓性之人格特質，檢視其學經歷及相關證照便可知道是否具備行政管理及社區管理專業職能。其中具有責任感、執行力、抗壓性、高情商、積極熱心服務等人格特質是最重要的，因為其他的專

業職能可以透過經驗累積以及後天學習來精進，唯獨人格特質是與生俱來的。

課題 2.6.3.1

物業經理的薪資如何決定

資歷：
年紀：
社區規模：

管委會如何決定物業經理的薪資？

小叮嚀：物業經理的薪資取決於年紀、外型、經驗、社區規模、社區型態以及社區所在的區域而有一些差異。實務上物業經理的年紀約 45～60 歲之間是最佳的，因為這個職務需要有一些人生閱歷，方能人情世故練達，面面俱到，妥善處理社區形形色色住戶的問題。對管委會而言，最簡單的方法就是去打聽一下鄰近規模相近的社區所編列的物業經理薪資預算，便可了解當地物業經理的薪資行情。

　　物業經理的薪資取決於年紀、外型、經驗、社區規模、社區型態以及社區所在的區域而有一些差異。物業管理是服務業，因此基本上是個人力市場，所以年紀與外型條件往往都會影響薪資，這點可從一踏入豪宅，映

入眼簾看到的多是身材高挑的帥哥美女便可加以驗證。當然有些豪宅通常都會聘用年紀約 30 多歲，身材高挑的帥哥或美女擔任社區經理，給的薪資多半會比一般行情多約 5,000～10,000／每月。

實務上物業經理的年紀約 45～60 歲之間是最佳的，因為物業經理除了要具備前面提到的專業職能之外，另外很重要的一點是要有一些人生閱歷，人情世故練達，面面俱到，方能妥善處理社區形形色色住戶的問題，畢竟物業經理除了處理專業建築物的問題以外，其餘絕大多數的時間都是在與社區住戶互動，處理人的問題，因此太過年輕，人生閱歷不足，在這一方面不一定能勝任。然而在物業管理市場上，通常 50 歲以上的物業經理薪資不一定會比 30 多歲的物業經理薪資來的高，原因在於 50 歲以上的物業經理往往多是二度就業，家中小孩也多接近成年，家庭經濟壓力稍減，較能接受物業管理公司在削價競爭後編列的薪資行情，而 30～40 多歲的年輕物業經理家中小孩多在受教育的花錢階段，家庭經濟壓力大，所以物業管理公司削價競爭後編列的薪資行情吸引不了年輕物業經理投入，因此除非當業主要求一定要提供的年輕物業經理，這時候物業公司會比一般行情每個月加碼數千元以吸引年輕的物業經理。

實務上物業經理的經驗約 5 年以上是最佳的，因此經驗也是物業經理的薪資的考量因素之一，通常一個物業經理養成大約需要 3 年左右的時間，才能夠累積足夠的實務技能與經驗，足以獨當一面處理社區所有大大小小的事務。

社區規模也是物業經理的薪資的考量因素之一，畢竟社區規模 200 戶的社區與社區規模 500 戶的社區，兩者的工作量是差異很大的，因此社區規模愈大的社區物業經理的薪資當然要愈高，因為社區規模愈大代表社區

物業經理要面對的人愈多，處理的事情也就愈多，而壓力也就更大，當然社區規模大戶數多表示管理費所繳交的基數大，因此也有更充沛的經費來支付物業經理薪資。

　　社區型態也是物業經理的薪資的考量因素之一，若是社區型態是屬於豪宅，當然物業經理的薪資也會水漲船高，舉例而言台北市東區的豪宅有的物業經理的薪資高達 7～8 萬每月；但若是社區型態是屬於一般住宅，則薪資行情約每月 3.5 萬至 6 萬之間，視社區規模以及所在的城市而有些差異。

　　社區所在的區域也是物業經理的薪資的考量因素之一，例如在台北市東區的物業經理薪資通常會比新北市的物業經理薪資來的高，當然主要原因是台北市東區的消費水平及物價會比新北市的消費水平及物價要高出許多，因此薪資的標準也會拉高。

　　整體而言，物業經理的薪資必須綜合考量上列因素，對管委會而言，最簡單的方法就是去打聽一下鄰近規模相近的社區所編列的物業經理薪資預算，便可了解當地物業經理的薪資行情。

管理委員會之其他重要工作

管理委員會之其他重要工作。

小叮嚀：管理委員會還需要執行制定長期修繕計畫以及石材養護計畫讓社區基礎設施管理上軌道，透過優質的計畫性管理達到資產保值以及環境優質的目的。透過社區節能管理落實低碳社區節能減碳節省社區公共電費雨水費支出以及社區防疫管理防範新冠肺炎造成腎區群聚感染等重要工作。

　　管理委員會除了第一屆須完成公共設施點交、制定各項管理辦法以及例行性業務公開招標採購等重要工作外，管理委員會其他重要工作就是要讓社區管理上軌道，透過優質的管理達到資產保值以及環境優質的目的，因此還需要執行制定長期修繕計畫、石材養護計畫、社區節能管理以及社區防疫管理等重要工作，茲說明如下。

課題 3.1
制定長期修繕計畫

制定長期修繕計畫。

小叮嚀：長期修繕計畫是一種預防性的修繕計畫，在設施設備使用接近生命週期的尾端但未發生功能喪失或故障之前，事先進行設施設備修繕更新的具體實施計畫，可確保達到提升建築物使用效益，維持建築物保有最佳外觀與機能的狀態，並可延長建築物使用的年限。社區依財務狀況，可採兩種不同型態的修繕計畫模式，當財務不充裕時可採用維修保養模式，當財務充裕建全時可採用全面更新模式。

　　現代建築物高層化與規模化發展，因此建築物所涵蓋的設施與機能日趨複雜，而一般建築物的設計生命週期為 50 年，在漫長的 50 年營運過程，隨著營運時間之累積，建材、管線及設施將隨時間的增加而逐漸老舊、故障及維修頻率也將增加，因而逐漸減低整體正常運轉的功能性，因此如何透過建築物長期經營管理，使建築物保有最佳狀態，就如同一輛百萬名車給予定期回原廠保養的觀念一樣，可以讓百萬名車外觀永保如新，行車功能正常不會半路拋錨，所以制定「長期修繕計畫」並落實執行就像

是讓您花費上千萬購買的豪宅回原廠保養一樣，透過預防式的修繕概念，可以達到提升建築物使用效益，維持建築物保有最佳外觀與機能的狀態，並可延長建築物使用的年限，同時可達到建築物資產保值與增值的功效，故「長期修繕計畫」是建築物管理者－社區管理委員會應予重視並落實的計畫，茲說明如下。

　　長期修繕計畫是一種預防性的修繕概念，通常一般人對於修繕的觀念是東西壞了再修，以燈管為例通常都是等到出現一閃一閃或是不亮了才找人來換燈管，但是長期修繕計畫的觀念是在燈管還沒出現一閃一閃或是不亮之前就先換上新燈管了，如果燈管的壽命是 10,000 小時，通常長期修繕計畫就會計畫在燈管使用 9,500 小時的時間點把舊燈管換成新燈管。乍看之下好像是很浪費，但其實並非如此，根據研究如果燈管的生命週期是 10,000 小時，那麼在使用了 9,500 小時之後燈管的照明效果會開始嚴重衰減，而且耗能會遠比新燈管要來的多；另外若是在公共區的燈管突然壞了，臨時又沒有備料或機電人員可馬上更換，反而更可能發生因照明不足而發生意外，因此雖然提早 500 小時把燈管換新，但是卻可因新燈管較省電而節省一部分電費並且可避免照明不足發生意外。此外，若是有計畫性的全面換新燈管，一口氣換掉一整批燈管的叫貨成本以及工資成本，也會遠比零零星星每次只更換一隻燈管的成本來的低。依此類推就可以發現化零為整的長期修繕計畫，可以讓修繕具經濟規模效益，並且防範因為設備突發性的故障造成社區意外損失。因此長期修繕計畫是一種預防性的修繕計畫，在設施設備使用接近生命週期的尾端但未發生功能喪失或故障之前，事先進行修設施設備繕更新的具體實施計畫，可確保建築物保有最佳的使用機能與外觀。

制定長期修繕計畫作業流程

制定長期修繕計畫的流程。

小叮嚀：每棟建築物都不會一模一樣，所以制定長期修繕計畫之前也必須要深入了解每棟建築物的構造與設備，並諮詢專業顧問團隊提供法令及專業技術建議。制定長期修繕計畫的步驟包括：(1) 整理建築物基本圖資；(2) 建立各項設施設備耐用年限表以及建築物生命週期內的更換次數表；(3) 制定長期修繕計畫財務需求分析表；(4) 制定導入長修繕計畫財務平衡分析表；(5) 諮詢專業顧問團隊提供法令及專業技術制定修繕實施計畫。

因為每棟建築物的設計都是建築師因地制宜所精心設計的，因此每棟建築物都不會一模一樣，所以制定長期修繕計畫之前也必須要深入了解每棟建築物的構造與設備，並諮詢專業顧問團隊提供法令及專業技術建議，茲將制定長期修繕計畫作業流程說明如下（李育珍，2013）。

1. 整理建築物基本圖資：長期修繕計畫的制定必須要有完整的建築物設計與竣工圖資以及設施設備表冊與現況資訊作為擬定計畫之基本資料庫。建築物基本圖資包括：(1) 建築物現況資料：建築物基地面積、地址、建照字號、使用分區、構造、基地面積、竣工日期、社區外觀、樓層數、公共設施、設備等大樣基本資料與照片；(2) 設施設備明細表：針

對設施設備屬性詳加分類建檔以及建立原廠聯絡資訊，以便未來設備修繕或零件更換可以找到合用之原廠零件；(3) 竣工圖說：包括地籍圖、現況圖、配置圖、面積計算表、綠化圖、各層平面圖、各向立面圖、消防設備圖及共用專有平面圖；(4) 竣工彩色照片：應包括建築物各向立面全景、屋頂突出物、屋頂全景、基地四周環境全景、騎樓、露台、天井、防火間隔、綠化設施、停車空間、裝卸空間、防空避難空間、開放空間、雨汙水分流排出口、機械停車設備及出入通路、電梯設備、消防設備、防火門、併案辦理內部裝修照片、放大門牌、建築物標示牌、共同天線、停車獎勵及開放空間告示牌等；(5) 建築物竣工圖的 AutoCAD 原始設計圖檔：這個部分應該在第一屆管委會要求建商提供完整全棟大樓的 AutoCAD 原始設計圖檔，以便將來進行修繕計畫時，專業團隊可以此原始設計圖為藍本進行修繕計畫施工圖；(6) 建築物的建築資訊模型（Building Information Model, BIM）原始設計圖檔：目前部分建商會在設計階段請建築師建立建築物的 3D 建築資訊模型，取代傳統的 2D AutoCAD 設計圖，若建商有建築物的 3D 建築資訊模型，則可由管委會於公設點交時要求建商提供，未來可應用於設施設備維護管理以及管線修繕與各式修繕管理，是非常好用的工具。

2. 建立各項設施設備耐用年限表以及建築物生命週期內的更換次數表：設施設備明細表建構完成後，必須進一步針對每項設施設備的耐用年限進行調查，以了解各設施設備的生命週期，並且進一步推估在建築物設計生命週期 50 年內的更換次數以及更換時間，以下舉一台北市中正區集合式住宅為例進行說明，其各項設施設備耐用年限表以及建築物生命週期內的更換次數表如表 3.1 所示，該建築為 19 層（地上 15 層、地下 4

表3.1　設施設備耐用年限表以及建築物生命週期內的更換次數表

項目	名稱	耐用年限	更新次數
1	內牆防水水泥漆及警示漆	10	5
2	停車區——地坪	20	2
3	車道磚	20	2
4	車道地坪打 epoxy	12	4
5	機械停車位更新——三層	15	3
6	機械停車位更新——二層	15	3
7	電動不鏽鋼鐵板捲門	10	5
8	電動玻璃平板快速捲門	10	5
9	陽台露臺地坪及牆面防水處理	15	3
10	1樓大廳地坪石材拼花	20	2
11	排煙室地坪	20	2
12	梯廳天花板刷水泥漆	15	3
13	全棟外牆防水處理	15	3
14	電梯工程	25	2
15	前院廣場水景	20	2
16	車道東側水景	20	2
17	屋頂景觀地坪	15	3
18	屋頂防水隔熱工程	15	3
19	開關箱設備工程	15	3
20	燈具、插座、風機設備工程	15	3
21	管線工程	25	2
22	發電機組	11	4

項目	名稱	耐用年限	更新次數
23	發電機組黑煙淨化器	11	4
24	發電機進封牌封工程	11	4
25	電話、網路光纖設備工程	8	6
26	電視天線設備工程	10	5
27	GRP 耐燃設備工程	20	2
28	吸收反射式避雷針	15	3
29	避雷系統故障監視器	5	10
30	大樓設備中央監控系統	8	6
31	防盜對講系統工程	5	10
32	閉路電視監看系統	8	6
33	門禁系統工程	8	6
34	車道管制系統	8	6
35	沉水式揚水泵浦	10	5
36	沉水式廢水泵浦	10	5
37	自動給水恆壓變頻加壓裝置	10	5
38	沉水式汙物泵浦	10	5
39	沉水式雨水加壓泵浦	10	5
40	全自動逆洗過濾機	10	5
41	活化水處理裝置	10	5
42	滅火器	5	10
43	一次壓力調整閥 16K	10	5
44	消防栓泵浦	20	2
45	自動撒水泵浦	20	2

項目	名稱	耐用年限	更新次數
46	輕水泡沫原液	3	16
47	泡沫消防栓泵浦	20	2
48	一次壓力調整閥 10K	10	5
49	自力型複合式火警授信總機	7	7
50	緊急廣播主控機	6	8
51	20 迴路擴充選擇器	6	8
52	360W 功率放大器	6	8
53	240W 功率放大器	6	8
54	標示設備、緊急照明設備	5	10
55	箱型多翼皮帶式排風機	5	10
56	箱型多翼皮帶式進風機	5	10
57	變頻室外機	5	10
58	變頻吊隱型室內機	5	10
59	景觀庭院燈	5	10
60	景觀造型矮燈	5	10
61	水晶吊燈	20	2

資料來源：藍朵嫻（2018）

層）之鋼筋混凝土構造建築物 1 棟，總樓地板面積：15,347.57 平方公尺，共 105 戶，配置電梯 4 部。

3. 制定長期修繕計畫財務需求分析表：長期修繕計畫必須導入財務需求分析，方能讓管理委員會了解未來在哪個時間點必須進行哪一項修繕計畫，預估需花費多少錢，如此才能預先做好財務規劃。基本上每個社區

依財務狀況，可採區兩種不同型態的修繕計畫模式，第一種是維修保養模式，當社區經費不充裕時可以採用維修保養模式，例如理論上電梯的生命週期約是 25 年，使用 25 年後理應整組電梯全部更新，但經費不充裕時，則將鋼索等重要的零件更換，並且加以妥善維修保養以取代整組電梯全部更新。在此舉前面所提的台北市中正區集合式住宅為例，採用維修保養模式所制定的長期修繕計畫財務需求分析表如表 3.2 所示，由表中可知採用維修保養模式約需經費 8 千 9 百萬元；第二種是全面更新

表 3.2　長期修繕計畫財務需求分析表 —— 維修保養模式

項目	名稱	預估修繕成本	耐用年限	更新次數	預估修繕/更新總金額
1	內牆防水水泥漆及警示漆	600,000	10	5	3,000,000
2	停車區 —— 地坪	640,000	20	2	1,280,000
3	車道磚	330,000	20	2	660,000
4	車道地坪隨打 epoxy-cer	210,000	12	4	840,000
5	機械停車位更新 —— 三層	2,500,000	15	3	7,500,000
6	機械停車位更新 —— 二層	500,000	15	3	1,500,000
7	電動不鏽鋼鐵板捲門	112,530	10	5	562,650
8	電動玻璃平板快速捲門	113,330	10	5	566,650
9	陽台露臺地坪及牆面防水處理	200,000	15	3	600,000
10	1F 大廳地坪石材拼花	80,000	20	2	160,000
11	排煙室地坪	150,000	20	2	300,000
12	梯廳天花板刷水泥漆	600,000	15	3	1,800,000
13	全棟外牆防水處理	1,200,000	15	3	3,600,000

項目	名稱	預估修繕成本	耐用年限	更新次數	預估修繕／更新總金額
14	電梯工程	3,240,000	25	2	6,480,000
15	前院廣場水景	80,000	20	2	160,000
16	車道東側水景	130,000	20	2	260,000
17	屋頂景觀地坪	500,000	15	3	1,500,000
18	屋頂防水隔熱工程	928,910	15	3	2,786,730
19	開關箱設備工程	410,000	15	3	1,230,000
20	燈具、插座、風機設備工程	250,000	15	3	750,000
21	管線工程	4,370,000	25	2	8,740,000
22	發電機組	550,000	11	4	2,200,000
23	發電機組黑煙淨化器	90,000	11	4	360,000
24	發電機進封牌封工程	50,000	11	4	200,000
25	電話、網路光纖設備工程	1,030,000	8	6	6,180,000
26	電視天線設備工程	270,000	10	5	1,350,000
27	GRP 耐燃設備工程	420,000	20	2	840,000
28	吸收反射式避雷針	70,000	15	3	210,000
29	避雷系統故障監視器	40,000	5	10	400,000
30	大樓設備中央監控系統	340,000	8	6	2,040,000
31	防盜對講系統工程	630,000	5	10	6,300,000
32	閉路電視監看系統	270,000	8	6	1,620,000
33	門禁系統工程	200,000	8	6	1,200,000
34	車道管制系統	260,000	8	6	1,560,000
35	沉水式揚水泵浦	50,000	10	5	250,000

項目	名稱	預估修繕成本	耐用年限	更新次數	預估修繕／更新總金額
36	沉水式廢水泵浦	130,000	10	5	650,000
37	自動給水恆壓變頻加壓裝置	160,000	10	5	800,000
38	沉水式汙物泵浦	50,000	10	5	250,000
39	沉水式雨水加壓泵浦	40,000	10	5	200,000
40	全自動逆洗過濾機	120,000	10	5	600,000
41	活化水處理裝置	120,000	10	5	600,000
42	滅火器	73,710	5	10	737,100
43	一次壓力調整閥 16K	60,000	10	5	300,000
44	消防栓泵浦	30,000	20	2	60,000
45	自動撒水泵浦	60,000	20	2	120,000
46	輕水泡沫原液	44,800	3	16	716,800
47	泡沫消防栓泵浦	60,000	20	2	120,000
48	一次壓力調整閥 10K	50,000	10	5	250,000
49	自力型複合式火警授信總機	522,000	7	7	3,654,000
50	緊急廣播主控機	76,500	6	8	612,000
51	20 迴路擴充選擇器	49,500	6	8	396,000
52	360W 功率放大器	75,600	6	8	604,800
53	240W 功率放大器	34,650	6	8	277,200
54	標示設備、緊急照明設備	180,000	5	10	1,800,000
55	箱型多翼皮帶式排風機	150,000	5	10	1,500,000
56	箱型多翼皮帶式進風機	80,000	5	10	800,000
57	變頻室外機	275,200	5	10	2,752,000

項目	名稱	預估修繕成本	耐用年限	更新次數	預估修繕／更新總金額
58	變頻吊隱型室內機	77,400	5	10	774,000
59	景觀庭院燈	60,000	5	10	600,000
60	景觀造型矮燈	30,000	5	10	300,000
61	水晶吊燈	240,000	20	2	480,000
	合　計				88,939,930

資料來源：藍朵嫻（2018）

模式，若是社區經費非常充裕時可以採用全面更新模式，例如理論上電梯的生命週期約是 25 年，使用 25 年後便將整組電梯全部更新，在此舉前面所提的台北市中正區集合式住宅為例，採用全面更新模式所制定的長期修繕計畫財務需求分析表如表 3.3 所示，由表中可知採用全面更新模式約需經費 2 億 3 千 8 百萬元，比較兩種修繕模式差價差高達 1 億 4 千 9 百萬元。而以電梯為例，採用全面更新模式會比維修保養模式讓社區住戶更有耳目一新的感受。

4. 制定導入長期修繕計畫財務平衡分析表：長期修繕計畫必須導入財務平衡分析，方能讓管理委員會了解目前及未來全體住戶所繳交的管理費以及公共基金是否足以支應龐大的修繕計畫的財務缺口，若是經由財務平衡分析發現目前及未來全體住戶所繳交的管理費以及公共基金不足以支應龐大的修繕經費，那就必須要未雨綢繆，儘早在區分所有權人會議提議調漲管理費（陳建謀等，2014），慢慢累積修繕基金，否則等到面

表 3.3　長期修繕計畫財務需求分析表——全面更新模式

項目	名稱	重置成本	耐用年限	更新次數	重置成本總金額
1	內牆防水水泥漆及警示漆	2,048,720	10	5	10,243,600
2	停車區——地坪	2,135,340	20	2	4,270,680
3	車道磚	1,108,370	20	2	2,216,740
4	車道地坪隨打 epoxy-cer	731,900	12	4	2,927,600
5	機械停車位更新——三層	5,415,000	15	3	16,245,000
6	機械停車位更新——二層	1,120,000	15	3	3,360,000
7	電動不鏽鋼鐵板捲門	112,530	10	5	562,650
8	電動玻璃平板快速捲門	113,330	10	5	566,650
9	陽台露臺地坪及牆面防水處理	575,400	15	3	1,726,200
10	1F 大廳地坪石材拼花	275,000	20	2	550,000
11	排煙室地坪	314,370	20	2	628,740
12	梯廳天花板刷水泥漆	1,219,800	15	3	3,659,400
13	全棟外牆防水處理	3,151,060	15	3	9,453,180
14	電梯工程	6,480,000	25	2	12,960,000
15	前院廣場水景	239,593	20	2	479,186
16	車道東側水景	402,885	20	2	805,770
17	屋頂景觀地坪	1,504,010	15	3	4,512,030
18	屋頂防水隔熱工程	928,910	15	3	2,786,730
19	開關箱設備工程	4,203,417	15	3	12,610,251
20	燈具、插座、風機設備工程	2,562,515	15	3	7,687,545
21	管線工程	14,576,140	25	2	29,152,280

項目	名稱	重置成本	耐用年限	更新次數	重置成本總金額
22	發電機組	1,650,000	11	4	6,600,000
23	發電機組黑煙淨化器	287,600	11	4	1,150,400
24	發電機進封牌封工程	276,876	11	4	1,107,384
25	電話、網路光纖設備工程	3,087,756	8	6	18,526,536
26	電視天線設備工程	817,419	10	5	4,087,095
27	GRP 耐燃設備工程	1,389,742	20	2	2,779,484
28	吸收反射式避雷針	201,705	15	3	605,115
29	避雷系統故障監視器	41,055	5	10	410,550
30	大樓設備中央監控系統	684,240	8	6	4,105,440
31	防盜對講系統工程	2,957,396	5	10	29,573,960
32	閉路電視監看系統	554,480	8	6	3,326,880
33	門禁系統工程	400,792	8	6	2,404,752
34	車道管制系統	518,256	8	6	3,109,536
35	沉水式揚水泵浦	106,400	10	5	532,000
36	沉水式廢水泵浦	266,000	10	5	1,330,000
37	自動給水恆壓變頻加壓裝置	332,500	10	5	1,662,500
38	沉水式汙物泵浦	112,100	10	5	560,500
39	沉水式雨水加壓泵浦	86,100	10	5	430,500
40	全自動逆洗過濾機	425,250	10	5	2,126,250
41	活化水處理裝置	420,000	10	5	2,100,000
42	滅火器	73,710	5	10	737,100

項目	名稱	重置成本	耐用年限	更新次數	重置成本總金額
43	一次壓力調整閥 16K	115,500	10	5	577,500
44	消防栓泵浦	60,000	20	2	120,000
45	自動撒水泵浦	114,000	20	2	228,000
46	輕水泡沫原液	44,800	3	16	716,800
47	泡沫消防栓泵浦	212,000	20	2	424,000
48	一次壓力調整閥 10K	110,250	10	5	551,250
49	自力型複合式火警授信總機	522,000	7	7	3,654,000
50	緊急廣播主控機	76,500	6	8	612,000
51	20 迴路擴充選擇器	49,500	6	8	396,000
52	360W 功率放大器	75,600	6	8	604,800
53	240W 功率放大器	34,650	6	8	277,200
54	標示設備、緊急照明設備	463,519	5	10	4,635,190
55	箱型多翼皮帶式排風機	290,588	5	10	2,905,880
56	箱型多翼皮帶式進風機	166,320	5	10	1,663,200
57	變頻室外機	275,200	5	10	2,752,000
58	變頻吊隱型室內機	77,400	5	10	774,000
59	景觀庭院燈	112,500	5	10	1,125,000
60	景觀造型矮燈	52,500	5	10	525,000
61	水晶吊燈	472,500	20	2	945,000
	合　計				238,157,034

資料來源：藍朵嫻（2018）

臨設備不得不修繕又沒錢時，區分所有權人就得一口氣掏出一大筆錢來修繕，通常是很難收到錢的。在此舉前面所提的台北市中正區集合式住宅為例，目前管理費每月每坪 75 元，且已有提列公共基金 700 萬元，若採用維修保養模式所制定的長期修繕計畫財務平衡分析表如表 3.4 所示，由表中分析可知，採用維修保養模式的修繕計畫，目前每月所交每月每坪 75 元的管理費仍然不足以支應修繕經費，因此管理費應每月每坪增加 21 元，也就是管理費要調漲到每月每坪 96 元，才能達到管理費收支平衡；若採用全面更新模式所制定的長期修繕計畫財務平衡分析表如表 3.5 所示，由表中分析可知，採用全面更新模式的修繕計畫，目前每月所交每月每坪 75 元的管理費仍然不足以支應修繕經費，因此管理費應每月每坪增加 67 元，也就是管理費要調漲到每月每坪 142 元，才能達到管理費收支平衡。

5. 諮詢專業顧問團隊提供法令及專業技術制定修繕實施計畫：長期修繕實施計畫是一件具有高度專業的工作計畫，並非管理委員會或物業經理可獨立完成，因此必須聘請專業顧問團隊（如專業的物業管理顧問公司、建築師事務所或技師事務所擔任專業顧問），依據各項設施設備耐用年限表，協助擬定每一年度各項設施設備的修繕實施計畫，當然前面所提的 4 個作業流程包括整理建築物基本圖資、建立各項設施設備耐用年限表以及建築物生命週期內的更換次數表、制定長期修繕計畫財務需求分析表以及制定導入長修繕計畫財務平衡分析表，也可以委託業顧問團隊提供服務。另外，制定長期修繕實施計畫還有一個重要腳色也可提供關鍵性的協助，那就是建商的團隊，再也沒有一個專業顧問團隊會比建商的團隊更熟悉建商自己所蓋的建築物，因此建議長期修繕計畫最好的制

表 3.4　長修繕計畫財務平衡分析表 —— 維修保養模式

年份	社區經費 累積金額	長期修繕 年度支出	長期修繕 累計總支出	社區經費 結餘
1	7,031,800			7,031,800
2	7,063,600			7,063,600
3	7,095,400	44,800	44,800	7,050,600
4	7,127,200		44,800	7,082,400
5	7,159,000	270,000	314,800	6,844,200
6	7,190,800	44,800	359,600	6,831,200
7	7,222,600		359,600	6,863,000
8	7,254,400	1,373,710	1,733,310	5,521,090
9	7,286,200	44,800	1,778,110	5,508,090
10	7,318,000	3,734,710	5,512,820	1,805,180
11	7,349,800		5,512,820	1,836,980
12	7,381,600	254,800	5,767,620	1,613,980
13	7,413,400		5,767,620	1,645,780
14	7,445,200	50,000	5,817,620	1,627,580
15	7,477,000	3,960,710	9,778,330	-2,301,330
16	7,508,800	1,373,710	11,152,040	-3,643,240
17	7,540,600		11,152,040	-3,611,440
18	7,572,400	44,800	11,196,840	-3,624,440
19	7,604,200		11,196,840	-3,592,640
20	7,636,000	11,924,710	23,121,550	-15,485,550
21	7,667,800	44,800	23,166,350	-15,498,550

年份	社區經費累積金額	長期修繕年度支出	長期修繕累計總支出	社區經費結餘
22	7,699,600		23,166,350	-15,466,750
23	7,731,400		23,166,350	-15,434,950
24	7,763,200	1,628,510	24,794,860	-17,031,660
25	7,795,000	270,000	25,064,860	-17,269,860
26	7,826,800		25,064,860	-17,238,060
27	7,858,600	44,800	25,109,660	-17,251,060
28	7,890,400	50,000	25,159,660	-17,269,260
29	7,922,200		25,159,660	-17,237,460
30	7,954,000	9,285,420	34,445,080	-26,491,080
31	7,985,800		34,445,080	-26,459,280
32	8,017,600	1,373,710	35,818,790	-27,801,190
33	8,049,400	44,800	35,863,590	-27,814,190
34	8,081,200		35,863,590	-27,782,390
35	8,113,000	270,000	36,133,590	-28,020,590
36	8,144,800	254,800	36,388,390	-28,243,590
37	8,176,600		36,388,390	-28,211,790
38	8,208,400		36,388,390	-28,179,990
39	8,240,200	44,800	36,433,190	-28,192,990
40	8,272,000	13,298,420	49,731,610	-41,459,610
41	8,303,800		49,731,610	-41,427,810
42	8,335,600	94,800	49,826,410	-41,490,810
43	8,367,400		49,826,410	-41,459,010

年份	社區經費 累積金額	長期修繕 年度支出	長期修繕 累計總支出	社區經費 結餘
44	8,399,200		49,826,410	-41,427,210
45	8,431,000	3,960,710	53,787,120	-45,356,120
46	8,462,800		53,787,120	-45,324,320
47	8,494,600		53,787,120	-45,292,520
48	8,526,400	1,628,510	55,415,630	-46,889,230
49	8,558,200		55,415,630	-46,857,430
50	8,590,000	3,734,710	59,150,340	-50,560,340
50,560,340／50 年／12 月／4,134 坪＝21 元／坪				

資料來源：藍朵嫻（2018）

表 3.5　長修繕計畫財務平衡分析表──全面更新模式

年份	社區經費 累積金額	長期修繕 年度支出	長期修繕 累計總支出	社區經費 結餘
1	7,031,800			7,031,800
2	7,063,600			7,063,600
3	7,095,400	44,800	44,800	7,050,600
4	7,127,200		44,800	7,082,400
5	7,159,000	628,519	673,319	6,485,681
6	7,190,800	44,800	718,119	6,472,681
7	7,222,600		718,119	6,504,481
8	7,254,400	2,688,386	3,406,505	3,847,895
9	7,286,200	44,800	3,451,305	3,834,895

年份	社區經費累積金額	長期修繕年度支出	長期修繕累計總支出	社區經費結餘
10	7,318,000	11,024,870	14,476,175	-7,158,175
11	7,349,800		14,476,175	-7,126,375
12	7,381,600	776,700	15,252,875	-7,871,275
13	7,413,400		15,252,875	-7,839,475
14	7,445,200	106,400	15,359,275	-7,914,075
15	7,477,000	9,009,979	24,369,254	-16,892,254
16	7,508,800	2,688,386	27,057,640	-19,548,840
17	7,540,600		27,057,640	-19,517,040
18	7,572,400	44,800	27,102,440	-19,530,040
19	7,604,200		27,102,440	-19,498,240
20	7,636,000	36,545,261	63,647,701	-56,011,701
21	7,667,800	44,800	63,692,501	-56,024,701
22	7,699,600		63,692,501	-55,992,901
23	7,731,400		63,692,501	-55,961,101
24	7,763,200	3,465,086	67,157,587	-59,394,387
25	7,795,000	628,519	67,786,106	-59,991,106
26	7,826,800		67,786,106	-59,959,306
27	7,858,600	44,800	67,830,906	-59,972,306
28	7,890,400	106,400	67,937,306	-60,046,906
29	7,922,200		67,937,306	-60,015,106
30	7,954,000	38,185,887	106,123,193	-98,169,193
31	7,985,800		106,123,193	-98,137,393

年份	社區經費 累積金額	長期修繕 年度支出	長期修繕 累計總支出	社區經費 結餘
32	8,017,600	2,688,386	108,811,579	-100,793,979
33	8,049,400	44,800	108,856,379	-100,806,979
34	8,081,200		108,856,379	-100,775,179
35	8,113,000	628,519	109,484,898	-101,371,898
36	8,144,800	776,700	110,261,598	-102,116,798
37	8,176,600		110,261,598	-102,084,998
38	8,208,400		110,261,598	-102,053,198
39	8,240,200	44,800	110,306,398	-102,066,198
40	8,272,000	39,233,647	149,540,045	-141,268,045
41	8,303,800		149,540,045	-141,236,245
42	8,335,600	151,200	149,691,245	-141,355,645
43	8,367,400		149,691,245	-141,323,845
44	8,399,200		149,691,245	-141,292,045
45	8,431,000	9,009,979	158,701,224	-150,270,224
46	8,462,800		158,701,224	-150,238,424
47	8,494,600		158,701,224	-150,206,624
48	8,526,400	3,465,086	162,166,310	-153,639,910
49	8,558,200		162,166,310	-153,608,110
50	8,590,000	11,024,870	173,191,180	-164,601,180
164,601,180／50 年／12 月／4,134 坪＝67 元／坪				

資料來源：藍朵嫻（2018）

定時機是在第一屆管理委員會，應好好利用與建商在公共設施點交期間的高頻率往來互動，要求建商的團隊提供資訊與技術上的支援。筆者曾經協助國內某大建商在其物業管理資訊系統服務平台上建立長期修繕計畫，建商可提供完整詳實的設施設備資訊，但是在筆者請建商提供設施設備重置成本時，建商則拒絕提供。重置成本是制定長期修繕計畫財務需求分析表的基本資料，但由於重置成本這個部分涉及建商營造成本的商業祕密，因此建商當然不會提供，但基本上建商若肯在資訊與技術上的支援，對於制定長期修繕計畫仍是一大助力。

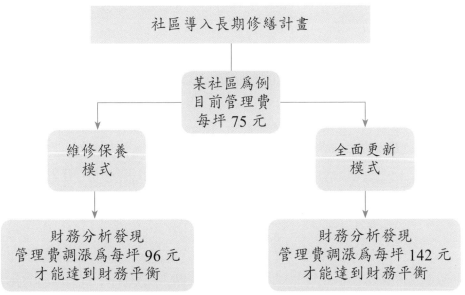

長期修繕計畫財務平衡分析經常發現管理費與公共基金並不足以支付長期修繕計畫所需。

小叮嚀：從 100 戶的建案為例進行財務分析發現採用維修保養模式的修繕計畫目前所交每月每坪 75 元的管理費仍然不足以支應修繕經費，管理費應每月每坪增加 21 元，也就是管理費要調漲到每月每坪 96 元，才能達到管理費收支平衡；若採用全面更新模式的修繕計畫，管理費應每月每坪增加 67 元，也就是管理費要調漲到每月每坪 142 元，才能達到管理費收支平衡。

課題 3.2
石材養護計畫

制定天然石材養護計畫。

小叮嚀：天然石材可呈現建築物的貴氣與華麗的意象以及高級豪宅的象徵，但若缺乏石材養護計畫往往造成石材裂化與病變，讓價值千萬的豪宅瞬間失色不少。石材養護工法大致上可以分成石材工場出廠前的防護工法、出場安裝後補強防護工法、石材日常保養的防護工法以及石材再生研磨工法等四種，其中石材工場出廠前的防護工法是最常被忽略了，若是管委會要更換新石材，應特別注意出廠前的防護。

　　台灣的建築物設計偏愛使用天然石材，呈現貴氣與華麗的意象以及高級豪宅的象徵，但是我們經常發現很多社區雖然外牆及大廳地板鋪滿高級天然石材，但是往往天然石材因缺乏完善的養護計畫而黯淡無光，讓價值千萬的豪宅瞬間失色不少，我們一般人若買了一輛百萬高級豪華進口名車，往往都會悉心呵護。常常在車身清潔打蠟保養維持亮麗外觀，但是花了幾千萬買的豪宅，卻沒有把外觀最醒目亮眼的天然石材給予好好養護，

讓豪宅維持應有的價值，豈不是很可惜！而這主要是因為管委會沒有石材養護的概念，而物業經理也缺乏石材養護的專業知識所造成，因此石材養護計畫是很重要的，是讓建築物維持房價的重要推手。

　　天然石材由於形成條件及成分，所以多具備多孔性及高滲水性，內含礦物成分更是複雜，所以貼在外牆的天然石材因暴露在風吹日曬雨淋的惡劣外在環境中，其所處環境之外在條件如溫度、水分以及安裝時使用之黏著劑等，都可能造成石材裂化與病變。再加上市面上選用石材種類絕大部分是根據色澤、紋理等外觀條件為優先選擇，通常無法兼顧石材基本特性如吸水性、孔隙率等因地制宜來安裝適合該環境的石材，所以石材安裝後若沒有適當之養護計畫，很多會產生病變（如水斑、白華、鏽黃、吐黃等），嚴重影響石材之外觀美感及使用壽命。

　　石材養護工法大致上可以分成石材工場出廠前的防護工法、出場安裝後補強防護工法、石材日常保養的防護工法以及石材再生研磨工法等四種（陳俐茹、廖慈立、陳建謀，2016）分別說明如下。

1. 石材工場出廠前的防護工法：石材工場出廠前的防護工法是非常重要的，因為只有在這個階段石材有機會可以對每一片石材的六個面進行一次最完整的防護，一旦石材安裝上去之後就只剩下一個面可以進行防護，然而石材業者基於成本等因素考量往往忽略安裝前之防護工序，而使用者或消費者又不知道石材工場出廠前防護之重要性，往往也沒堅持要求或沒辦法要求石材工場出廠前做好石材防護，因此若是管委會要更換新石材，應特別注意出廠前的防護。其步驟為：(1) 使用大型熱風式乾燥機，以攝氏 80 度持續進行石材乾燥；(2) 完成乾燥程序後把握石材降溫至攝氏 40 度；(3) 視石材種類、安裝地點、及經濟考量選擇適當之

防護劑均勻塗佈進行防護作業。於石材表面均勻塗佈防護劑，通常除了黏著面之外其他五個面都要施作，稱為五面防護。亦有六面防護甚至浸泡式防護；(4) 以棉布輪打磨去除表面殘留之防護劑；(5) 石材室溫保持乾燥通風靜置 24 小時以上養護。

2. 出場安裝後補強防護工法：有些個案因為未做安裝前防護工法，或防護施作不確實導致防護效果不彰，但由於石材已安裝完成因此需於現場補強防護工程。其步驟為：(1) 使用石材研磨機配合中性之清潔劑徹底清潔石材表面；(2) 石材已經安裝於現場，故只能使用大型瓦斯噴燈加熱石材表面乾燥含水量，由於屬明火施工施作時須注意相關消防防火措施；(3) 趁石材表面回溫於攝氏 50 至 40 度（手可安全接觸），於表面均勻塗布防護劑，但也只能施作一面，防護效果自然不及出廠前五面防護；(4) 以研磨機配合棉布輪打磨去除表面殘留之防護劑；(5) 石材室溫保持乾燥通風靜置 24 小時以上養護。

3. 石材日常保養的防護工法：天然石材安裝好之後，由於戶外石材歷經風吹日曬雨淋或是室內大廳石材歷經眾人踩踏光澤日衰，因此石材日常保養的防護工法是很重要的，必須要定期實施日常保養防護工法，茲列出 3 種工法供管委會依實際狀況選擇使用。(1) 石材上蠟保養法：石材上蠟保養法上的蠟為壓克力系的面蠟樹酯蠟，覆蓋於石材表面會阻斷孔隙破壞呼吸現象，所以必須確認底部沒有滲水現象方能適用本工法施作。石材上蠟通常會先行塗佈底蠟補強堅硬度，避免蠟面因踩踏而碎裂，石材若是表面堅硬則可省去塗佈底蠟這道工序，逕行施作上蠟研磨拋光維護流程。本工法效果不佳且蠟質不易附著易變黑，但其價格較便宜；(2) 石材晶化處理：石材安裝到位經過日常使用後，視各種場所的不同耗損

度各有不同，可依損耗的程度進行週期性的維護保養。石材晶化主要原理是利用由無機酸、金屬氧化物等物質合成的化合物配合機械磨盤的壓力、高速磨削力、摩擦熱能，再加上水在比較光滑的大理石表面進行的物理、化學化合作用，形成一層保護的晶體層，此晶體層具有超亮的、清晰的光度，光度可達 90～100 度。本工法相較於石材上蠟保養法效果佳但價格比較高，是目前市場上經常使用的工法；(3) 有機矽晶保護劑保養工法：石材養護採用獨有的納米 SiO_2 成分，透過機械磨拋填補石材表面微裂孔隙、拋磨出玻璃質感表面光澤。以「草酸、氟矽酸鎂」等酸性材料，與石材表面的鈣質成分反應，生成鈣質結晶層。本工法適用於所有硬質裝飾材料，如：大理石、石灰石、花崗石、人造石、玉石、石英石、微晶石、固化地坪、地板磚、瓷磚、水磨石、木地板等[1]。

4. 石材再生研磨工法：當石材表面經長期使用，有的會因外力破壞或長期磨損，造成較深的刮痕磨損，已經超出打蠟或拋光晶化工法處理的範圍，因此這時候就必須要採用石材再生研磨工法。本工法利用重型石材研磨機或重型打臘機，底盤加上不同番號的鑽石研磨片，加水將舊石材重新打磨數道程序，以達全新的鏡面亮度，也就是將石材老舊的表層去角質，翻修打磨成全新的一層晶化層[2]。

---

[1] 資料來源網址：https://kknews.cc/news/5oo4x4l.html

[2] 資料來源網址：https://www.shunhui.com.tw/product-detail-1414857.html

課題 3.3
社區節能管理

☐ 節能管理計畫
☐ 檢查節能成果
☐ 監督機電人員
　與物業經理

物業管理從業人員協助推動節能管理計畫。

小叮嚀：社區節能管理不僅可以達成節能減碳幫社區省下公共電費及水費，同時還可以申請政府的補助經費來更新社區的照明或空調設備。可以透過分析耗能數據、制定節能計畫、執行節能計畫、檢查節能成果等步驟來落實推動節能管理計畫，同時監督機電人員與物業經理落實應盡的責任。

　　社區節能管理是因應全球氣候變遷善盡地球公民應盡的責任，也是近年來政府推動低碳社區管委會應配合政府的施政方針，不僅可以達成節能減碳幫社區省下公共電費及水費，同時還可以申請政府的相關經費補助來更新社區的照明或空調設備，一舉數得。茲說明社區結合物業管理從業人員推動節能管理計畫步驟及相關人員的責任如下。

1. 步驟 1 為分析耗能數據：收集設備及設施運行的用電資料，包含電力系統的運行資料以及維修保養紀錄及運轉紀錄，藉此判斷能源消耗最多的設施與區間。

2. 步驟 2 為制定節能計畫：依據前列步驟的資料尋找節約能源的機會與方案，包含有效操作儀器、利用儀器監控能源、檢討物業整體電量消耗、每年檢討電費價格、預估用電量與實際用電量差異並檢討契約容量等，依照耗能的多寡及需投入的費用，安排節能機會與方案的優先順序並制定節能實施計畫。例如地下停車場或公共區全面更新為 LED 燈具或更換老舊空調為新式變頻節能空調等皆為可達成節電的具體方案。

3. 步驟 3 為執行節能計畫：依據前列步驟的節能實施計畫，依據社區的財務狀況決定各節能實施計畫的優先順序，將符合社區財務狀況之計畫方案投入執行，並將尚未執行的方案列入明年度執行計畫或是申請政府社區節能改造補助為下一年度計畫執行做準備（以台北市為例，請參考台北市政府環保局補助社區節能改造申請公告，網址：https://www.dep.gov.taipei/News_Content.aspx?n=CB6D5C560DE4D2DD&s=90378809B06876BC）。

4. 步驟 4 為檢查節能成果：確實監控對已執行的節能方案的成果，審核並檢討已執行的節能方案與計畫的差異。

5. 機電人員的責任：比較電力消耗變化與異動、比較生活用水用量、比較儀器操作效率、比較自動控制系統設定與實際使用情況差異、單位面積理論照明功率與實際照度的差異、照明設備配置與迴路、市場上的新產品與科技、大樓進駐率、環境與氣候因素的影響與能源消耗的關係。

6. 物業經理的責任：確實執行能源管理的承諾、給予物業管理同仁充分的支持、提供策略性的建議、尋求外部的技術性的資源、與業主溝通協調，建立共識，取得管委會的支持、推動能源管理政策、申請政府社區節能改造補助經費。

課題 3.4
社區防疫管理

建立社區防疫管理機制。

小叮嚀：建立社區防疫管理機制需落實社區防疫管理重點工作（如保持良好的個人衛生、環境衛生以及公共廁所衛生），預防共用排氣管造成感染風險以及汙水處理設施故障糞水溢流造成感染風險，建立社區防疫監督機制，沒有報備或管委會的社區應主動掌握防疫資訊，全面落實社區防疫。

2019 年 12 月起，中國湖北省武漢市發現多起病毒性肺炎群聚，多數與武漢華南海鮮城活動史有關。2020 年 1 月 17 日檢出病原體爲一種新型冠狀病毒，2020 年 2 月 12 日世界衛生組織將造成武漢肺炎疫情的新型冠狀病毒命名爲「2019 新型冠狀病毒」。

2019 新型冠狀病毒在香港、中國、新加坡、日本、英國、義大利及美國等全世界各國造成社區群聚感染，全球超過 200 萬人確診感染新型冠狀肺炎，全球死亡人數超過 15 萬，台灣雖然沒有爆發大規模社區群聚感染，但也出現零星社區感染，因此社區防疫管理也是管理委員會非常重要

的工作。

　　物業管理從業人員身處社區防疫工作第一線，尤其都會區人口密集的住宅或辦公大樓，物業管理從業人員無論是保全員、清潔人員、社區祕書或物業經理每天都必須面對諸多人群，且都在室內空間工作，是屬於新冠肺炎感染高風險的一群，本書作者曾在 2020 年 2 月 18 日於蘋果日報發表評論〈誰是高風險群——沒守住管理員恐成超級傳播者〉[3]，指出保全、祕書及社區經理等第一線社區服務人員皆為社區感染高風險群，建議政府可參考香港地區政府提供物業管理業者及從業人員「預防嚴重新型傳染性病原體呼吸系統病給物業管理的健康指引」，並提供防疫物資讓物業管理從業人員從社區感染高風險群變成是社區防疫工作的助力，我國政府於 2020 年 3 月 4 日編訂「嚴重特殊傳染性肺炎（武漢肺炎）因應指引：社區管理維護」，做為社區防疫指導原則，並於各社區公告。

　　2020 年 4 月 2 日台灣爆發第 336 例新冠肺炎確診個案為社區女保全，2020 年 4 月 3 日新增的案 347 則為案 336 的接觸者，是社區附近住戶，初步估計應遭女保全感染，中央流行疫情指揮中心宣布追查社區女保全接觸者 388 名，可見影響層面不容小覷。本書作者曾在 2020 年 4 月 3 日於蘋果日報發表評論〈除保全外——社區防疫還有四破口〉[4]，提出社區防疫物業管理面臨的問題尚有共用排氣管造成感染風險、汙水理設施故障引起糞水溢流造成感染風險、社區防疫並無監督機制以及沒有報備的社區等問題，茲說明社區防疫管理重點工作以及面臨的問題如下。

3　資料來源網址：https://tw.news.appledaily.com/forum/realtime/20200218/1706063/

4　資料來源網址：https://tw.appledaily.com/forum/20200403/BXERJXKSAGAT7CA274QH
　　FP6U3M/

1. 社區防疫管理預防性重點工作：(1) 保持良好的個人衛生，如雙手清潔、打噴嚏或咳嗽時應用紙巾掩蓋口鼻，以及出現呼吸道感染病徵，應戴上口罩，停止上班；(2) 保持物業環境衛生，如空氣流通、經常清潔和消毒常接觸的表面，被呼吸道分泌物、嘔吐物或排泄物感染的物品表面或地方，應先用吸水力強的即棄抹巾清理可見汙物，每天消毒拭抹升降機內和扶手電梯最少兩次，同時特別注意按鈕及扶手等；(3) 保持公共廁所衛生，如應保持廁所清潔和乾爽，並提供洗手液與即棄抹手紙作潔手用途。

2. 社區工作人員不知居家檢疫者感染風險高：居家檢疫人數於1日高達4.6萬人，由於政府並未進行全面檢疫，因此居家檢疫者很有可能是輕症或無症狀的帶原者，但是社區第一線工作人員如保全、祕書與物業經理卻無從得知哪些人是住在社區裡的居家檢疫者，若是無意中直接或間接接觸居家檢疫者，又沒有刻意保持社交距離加以防範，恐怕很容易被感染。

3. 共用排氣管造成感染風險：香港康美樓社區爆發社區感染，港大教授袁國勇認為，病毒有可能透過廁所排氣管經空氣傳播。而我國社區也需嚴防建築物共同管道間共用排氣管所造成的病毒傳播，尤其是絕大多數老舊社區仍然共用排氣管，故如何預防共用排氣管造成病毒經空氣傳播，也是社區防疫管理面臨的大難題。建議可將共用排氣管修繕更新納入建築物長期修繕計畫中的優先改造項目，尤其若施工動到共同管道間也會有防火泥填塞的消防法規問題，同時，修繕工程也不排除可能要在外牆鑽洞排氣，故建議若建築物年紀較老舊也可考慮申請整府外牆修繕補助連同外牆拉皮一併施工，如此方能緊密配合突發公共衛生事件時的防

疫。

4. 社區防疫無監督機制：中國醫療專家王貴強表示，沒做好防護 2 秒內就可能被傳染，故落實社區消毒是社區防疫必備的基本功，尤其是門把及電梯按鈕、公廁、室內公共設施空間等風險較高的地方，須依照政府制定的社區管理因應指引，確實執行社區消毒作業，建議管理委員會應建立一套監督機制，避免清潔人員敷衍了事，因而產生防疫破口。

5. 沒有報備的社區應主動掌握防疫資訊：衛福部長陳時中表示，不否認社區中有無症狀感染者的可能性，因此全面落實社區防疫，是管委會必要之工作。然而我國社區管理委員會依「公寓大廈管理報備事項處理原則」，基本上新蓋的大樓都會向政府主管機關報備，但在 1995 年《公寓大廈管理條例》通過以前蓋的社區大樓，仍然有一些沒有報備甚至沒有管委會組織。因此沒有報備或管委會的社區應主動掌握防疫資訊，全面落實社區防疫。

6. 汙水處理設施故障糞水溢流造成感染風險：中國防疫專家鍾南山指出，目前已經得知患者的糞便中可分離出活的新型冠狀病毒，代表社區汙水可能會成為一個新的感染源。我國雖有汙水下水道系統，但截至 2020 年 1 月 31 日全國接管率 46.28%，有接管的社區相對比較安全，但由於病毒可能透過汙水下水道排氣管的流通會飄散到空氣之中，呼吸到的民眾就會有感染的風險，仍須謹慎處理汙水下水道排氣問題。而未接管到汙水下水道的社區依法規必須設置汙水處理設施，通常是設置於地下室的最底層，防疫期間絕對須嚴防汙水幫浦故障造成地下室汙水溢流，以免病毒擴散，汙水處理設施之清理必須慎防操作人員病毒感染及病毒擴散於空氣中，而相關儀控、電氣與機械設備應落實定期維護保養，方可

杜絕因設施故障造成汙水溢流地下室引發病毒感染風險。若您的社區地下室有濃濃的糞水味道，代表汙水處理設施有汙水外洩或未密封，恐有感染風險。另外，在社區的 2 樓若以前曾經發生過汙水管線堵塞造成糞水溢流的狀況，在防疫期間應特別防範汙水管線堵塞，以避免因汙水溢流造成病毒擴散風險。

課題 3.5
社區防災管理

建立社區自主防災管理機制。

小叮嚀：水災、風災與地震是台灣社區常見的重大天然災害，火災是台灣社區常見的人為災害。由於台灣是自然災害高風險地區，因此極需建立「防災社區」概念，透過激發民眾自主防災意識認同來加強民眾自主防災應變能力，以推動社區抗災避災減災措施，因此需要社區管理委員會主動來參與並透過政府機關提供支援以及專業團隊協助來建立社區自主防災管理機制。

　　水災與風災是台灣社區常見的重大天然災害，近年來由於全球氣候變遷之極端氣候，造成台灣地區每年 3 至 9 月例行的雷雨以及梅雨發展爲強降雨，往往造成都會區一雨成災（如 2018 年的 823 水災重創南台灣，驚人的雨量造成雲林、嘉義、台南、高雄、屏東地區的嚴重災情），以及每年西北太平洋 6 至 12 月約有 21 至 25 個颱風生成[5]，其中正常約有 3 至 5 個颱風侵襲台灣，颱風往往造成社區的植栽與建築物受強風毀損以及豪雨造成地下室淹水，而山坡地社區更是有土石流與山崩的嚴重災害（如 1997 年 8 月 18 日溫妮颱風經過台灣北部造成林肯大郡災變，颱風所帶來的雨量破壞地基，擋土牆崩落，造成 28 人死亡，一百多人房屋損壞、全毀，無家可歸；以及 2009 年莫拉克颱風侵襲台灣，其西南氣流所帶來創紀錄的雨量造成土石流將小林村滅村事件），因此防範水災與風災是台灣社區防災管理的重要議題。

　　地震也是台灣社區常見的重大天然災害，由於台灣位在地震活躍區環太平洋火山帶中，菲律賓海板塊和歐亞板塊交界上。菲律賓海板塊以每年平均 82mm 朝西北碰撞歐亞板塊，因此地震頻繁[6]。例如 1999 年 9 月 21 日發生的 921 大地震，發生於台灣中部山區的逆斷層型地震，由於車籠埔斷層的錯動引起台灣全島持續約 102 秒嚴重搖晃，共造成 2,415 人死亡，29 人失蹤，11,305 人受傷，51,711 間房屋全倒，53,768 間房屋半倒，乃台灣自二戰後傷亡損失最大的自然災害。新北市新莊博士的家社區以及台北市松山的東興大樓社區，皆因 921 大地震而大樓倒塌損失慘重，因此減

5　資料來源：聯合新聞網 https://udn.com/news/story/11319/3897864

6　資料來源網址：維基百科 https://zh.wikipedia.org/wiki/%E8%87%BA%E7%81%A3%E5%9C%B0%E9%9C%87%E5%88%97%E8%A1%A8

少地震帶來的生命財產損失是台灣社區防災管理的重要議題。

　　火災是台灣社區常見的人為災害，公寓大廈管理條例的催生就是起源於 1995 年 2 月 15 日台中衛爾康西餐廳大火，火災事故共造成 64 人死亡，11 人受傷。為台灣有史以來單一建築物死亡人數最多的火災，亦是台灣自解嚴後死亡人數最多的公共安全事故。當時的李登輝政府在民意壓力下陸續修訂與創建各項法規，如《消防法》、《建築技術規則》、《公寓大廈管理條例》等，實施公共場所必須使用防火建材，逃生通道必須保持暢通，餐飲業強制投保公共意外險等改革[7]。其他如 2003 年 8 月 31 日蘆洲大囍市社區火災造成 13 人死亡、20 人重傷、51 人輕傷等重大人員傷亡及財物損失，以及 2020 年 4 月 26 日台北市林森北路錢櫃 KTV 於上午驚傳火警，造成 54 人送醫，其中 5 人死亡、9 人重傷的悲劇，台北市消防大隊第三大隊長王正雄指出，錢櫃將其整棟大樓的排煙、灑水、消防警報、住宅警報器及廣播系統等 5 項消防設備系統全關[8]，是嚴重的「人為疏失」。因此減少人為疏失造成火災帶來的生命財產損失是台灣社區防災管理的重要議題。

　　根據世界銀行的研究顯示，台灣是自然災害高風險地區，同時暴露於 3 項以上自然災害之土地面積與面臨災害威脅人口均超過 9 成，高居世界第一[9]。而為了防範台灣社區水災、風災、火災與地震等天然災害與人

7　資料來源網址：維基百科 https://zh.wikipedia.org/wiki/%E8%A1%9B%E7%88%BE%E5%BA%B7%E9%A4%90%E5%BB%B3%E5%A4%A7%E7%81%AB

8　資料來源網址：https://tw.appledaily.com/local/20200426/Y3YIECVYM23FAVHLYVH7CKLN5M/

9　資料來源網址：https://www.chinatimes.com/newspapers/20170917000301-260119?chdtv

為災害於未然，近年政府大力推動自主防災社區的理念，希望透過加強民眾自主防災應變能力，以及結合政府或企業的防災資源，以社區作為防災社區的主體，結合不同權責、專業以及資源管道，形成推動防災社區之夥伴關係[10]。因此「防災社區」是一個以社區為主體，經由民眾參與、培力（empowerment）的過程，凝聚社區共識與力量，並藉由推動減災的措施來減少社區的易致災因子，降低災害發生的機率。而當萬一發生災害時，社區則可以防止災害不斷擴大。在災害發生之後，更能迅速推動復原、重建，邁向安全、永續社區發展〔陳亮全等，2006〕。

「防災社區」是一個透過激發民眾自主防災意識認同來加強民眾自主防災應變能力，以推動社區抗災避災減災措施，因此需要社區管理委員會主動來參與並透過政府機關提供支援以及專業團隊協助，其架構如圖 3.1 所示，防災社區推動流程如圖 3.2 所示。

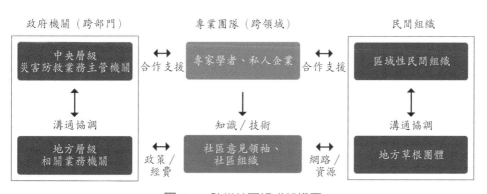

圖 3.1　防災社區組成架構圖

資料來源：https://community.ncdr.nat.gov.tw/result

---

10 資料來源網址：https://community.ncdr.nat.gov.tw/result

圖 3.2　防災社區推動流程圖

資料來源：https://community.ncdr.nat.gov.tw/result

　　社區防災管理並需要管理委員會及物業工作同仁通力合作，茲說明社區防災管理重點工作如下。

1. 水災防範管理重點工作：(1) 排水系統常清淤，排水系統常有落葉或泥沙淤積，除定期清潔維護外，汛期前應制定專案維護計畫；(2) 進水孔周邊清理，頂樓、景觀地排及車道截水溝之進水孔周邊，須時時清理並確保排水功能之暢通；(3) 定期巡視檢查罩，社區應有專責人員就陰井及檢查罩，定期巡檢並適時清理，並留意喬木竄根現象；(4) 汙廢水馬達須正常，現場機電人員須確保地下室汙廢水抽水馬達功能正常，以利防災運轉投入之應變；(5) 責任巡邏區域劃分，現場人員責任區域之劃分，視狀況需要時，以不影響工作執掌為原則，有效回報；(6) 防水閘門架設演練，由於意外總是在您意想不到的時候來訪，多一分準備，少

一分災害，因此事前需進行防水閘門架設演練以免淹水時來不及操做或無法安裝；(7) 颱風動態即時更新，最即時的颱風動態掌握，提供媒體追蹤報導於社區群組及管委會群組，提醒大家防範災害；(8) 短延時強降雨警報，最即時的豪雨炸彈預警，提供媒體追蹤報導於社區群組及管委會群組，提醒大家防範災害；(9) 檢查窗戶及準備沙包、抽水機與發電機，颱風來臨前檢查窗戶是否緊閉以免豪雨灌入室內造成淹水，事前準備沙包、抽水機與發電機為地下室淹水做好萬全準備。

2. 風災防範管理重點工作：(1) 門窗關閉，檢查全區公共門窗是否關閉以及屋突防火門是否關閉，通知未關閉門窗住戶關窗或尚未回家之住戶回家關窗；(2) 保全建立災害通報系統，保全建立災害通報系統確保有緊急災害通知各縣防颱中心及管委會值班委員；(3) 戶外大型植栽與固定設施加強防護，戶外大型植栽修剪及加強樹幹固定防風吹倒，固定設施如避雷針、天線巡視加強固定；(4) 收藏戶外可移動設備或家具，室外桌椅及未固定設備收入室內或地下室；(5) 大面積玻璃防風壓吹破，大型落地窗玻璃或高樓層大片玻璃窗張貼膠帶。

3. 火災防範管理重點工作：(1) 社區消防演習，針對消防設備操作演練與疏散逃生動線預演，以及急救訓練；(2) 消防安全檢查，集合住宅落實消防安全設備之維護保養及檢修申報；(3) 消防設備定期更新，消防設備已達生命週期時應編列預算汰舊換新；(4) 偵煙器確保無防塵罩覆蓋，有些社區在公共空間偵煙器上的防塵透明塑膠罩竟然都沒有拿掉，等於形同虛設，因此務必確保偵煙器無防塵罩或其他物品覆蓋；(5) 確保消防設備系統不被關機，有些社區在剛交屋裝潢施工期間很可能因粉塵過多或天花板施工或變更隔間施工等引發警報系統警鈴大作，而且可

能由於好幾十戶在裝修，因而常見一口氣出現高達好幾十處有異常警報，因此有些物管人員便宜行事，將消防設備系統關機或將消防警報系統喇叭關閉。舉一實例，新北市某新大樓剛完工交屋接近一年，社區所有公共空間偵煙器上的防塵透明塑膠罩竟然都沒有拿掉，此舉等同公共空間偵煙器形同虛設，因此住戶向物業公司派駐在社區的主管反映交屋接近一年已有許多住戶入住，建議應拆除偵煙器上的防塵罩以維護大眾消防安全，結果該主管竟然回覆說因為消防受信總機出現高達 20 幾項缺失，多次通知建商都沒派員修繕，因此目前消防受信總機是關閉的，就算拆除偵煙器上的防塵罩也沒用，發生火警也不會響。會發生這種情形是因為建商多把消防系統的異常歸咎於住戶的裝潢施工所造成而不願意派員修繕，或是想等公設點交時再一口氣修好缺失，不用常常派人來修繕浪費成本，而物業主管又怕警報亂響被住戶罵，索性把主機關機或警報系統喇叭關閉，但這樣做在裝潢施工期間是極其危險的，一旦不小心發生火災，將會因警報器鈴聲不響而釀成大禍[11]。

4. 地震災害防範管理重點工作：(1) 檢視鄰近活動斷層，鄰近活動斷層是造成地震災害的關鍵，社區愈接近活動斷層其地震災害風險愈高，但如何判斷住家附近有沒有活動斷層？地質調查所建置有臺灣活動斷層觀測系統及便民查詢服務圖臺（http://fault.moeacgs.gov.tw/TaiwanFaults/），提供小比例尺的定位查詢讓民眾參考，而大比例尺精查建議諮請地質相關從業技師或工程顧問公司，以確定斷層型態、活動

---

[11] 資料來源：https://tw.appledaily.com/forum/20200427/KHEL3YBEQ65GEPJWXNAMZJ662A/

性、斷層作用可能影響範圍，及評估應該採取之應對策略[12]；(2) 檢視是否位於易發生土壤液化地區，土壤液化是因爲「砂質土壤」結合「高地下水位」的狀況，遇到一定強度的地震搖晃，導致類似砂質顆粒浮在水中的現象，使砂質土壤失去承載建築物重量的力量，造成建築物下陷或傾斜。當地震發生時，若社區位於易發生土壤液化地區，則可能產生不均勻沉陷造成建築物倒塌，例如 2016 年 2 月 6 日發生高雄美濃地震，震央位於高雄市美濃區，即屏東縣政府北偏東方 27.1 公里處，芮氏規模 6.6，最大震度爲台南市新化 7 級[13]。因爲台南市震度最大且又位於土壤液化地區，因此造成嚴重災情，其中位於台南市永康區的維冠金龍大樓倒塌[14]。社區是否位於土壤液化區可查詢中央地質調查所所建立的網站——土壤液化潛勢查詢系統 https://www.liquid.net.tw/CGS/Web/Map.aspx；(3) 檢視是否位於易發生震後坡地災害地區，多數學者認爲當地震規模大於 5.0，且地震震度大於 3 級時，就可能會引發坡地災害，於地震斷層沿線區域就比較容易產生地震崩塌。不過，坡地災害與地震發生機制，以及山坡地的地形、地質環境等息息相關。一般來說，社區大致上可以從陡峭邊坡、地質不良區、擋土牆安全性等三個在地震後比較容易發生坡地災害的區域來檢視，若社區爲山坡地社區建議可請

---

[12] 資料來源：https://www.moeacgs.gov.tw/Faqs/faqs_more?id=97e1e48655904216bda1329a7dbffc5f

[13] 資料來源：維基百科 https://zh.wikipedia.org/wiki/2016%E5%B9%B4%E9%AB%98%E9%9B%84%E7%BE%8E%E6%BF%83%E5%9C%B0%E9%9C%87

[14] 資料來源：https://theinitium.com/article/20160307-taiwan-earthquake-in-southern-taiwan02/

相關技師來協助研判；(4) 檢視易發生震後爆炸或起火的地點，一般來說，地震過後因為瓦斯外洩而引發火災，是震後火災的第一高峰期。而第二高峰期則大多因為災區復電導致迴路短線而引發火災，其他如用火照明、電器短路、化學物品等因素，亦是引發震後火災的原因之一。若社區內有小吃攤聚集區，因為瓦斯桶存放數量較多，且經常用火；經地震劇烈搖晃後，萬一管線脫落就容易造成瓦斯外洩，可能釀成火災甚至發生氣爆；(5) 檢視是否為不耐震的建築物，欲了解是否為不耐震的建築，可進入國家實驗研究院國家地震中心「街屋耐震資訊網」http://streethouse.ncree.narl.org.tw 查詢，該網站提供簡易估算建築結構耐震能力，評估低矮型鋼筋混凝土建築物耐震能力，當屋齡達 25 年以上、樓高二層以上，且未經耐震補強的加強磚造建築物或是打通一樓隔間牆或把柱子打掉而未補強的建築物、樓層過度挑高，且無加粗柱子或增設牆壁數量的建築物、建築物的外觀、屋頂、牆面發生變形或坍塌、建築物的柱、梁、樓板發生嚴重龜裂或斷裂、建築物有鋼筋外露或嚴重變形等情形應特別注意並進行耐震評估。〔陳秋雲、劉怡君、曾敏惠，2014〕

相互守法
人人有責

管委會

管理委員會之守法義務。

小叮嚀：香港廉政公署製作專題網頁，針對大樓管理相關的防貪法規詳加明並指出容易出現貪汙的情況及提供相關的防貪及誠信管理措施。我國主管機關對於管理委員會尚未建立守法義務主動培訓宣導以及主動監督機制，因此社會新聞常見一旦社區資產龐大，往往引來有心人士覬覦，甚至黑道勢力介入管理委員會的新聞時有所聞，所以香港的做法與制度可提供我國參考及借鏡。畢竟只有落實管理委員會之守法義務，方能建立社區誠信管理機制，取信於所有區分所有權人與住戶，建立互信的基礎，方能讓社區溫馨和諧的成長發展。

　　在香港等物業管理發展較為成熟的地區，對於管理委員會之守法義務有非常明確的規範，尤其香港廉政公署製作「誠信優質樓宇管理」專題網頁（網址 https://bm.icac.hk/tc/home/introduction.aspx），其目的在解釋與大樓管理相關的防貪法規、指出容易出現貪汙的情況及提供相關的防貪及誠信管理措施、香港廉政公署提供肅貪服務和宣傳教育品等，並配合以大樓維修及財務管理為主題的個案研習，協助公寓大廈管理委員會及相關公司了解有關內容及實踐誠信維修及財務管理，落實宣導並建立管理委員會之守法義務監督機制。此外，香港廉政公署亦製作了各類資料，包括實

務指南、短片和單張文宣，以及提供諮詢熱線、防貪建議及培訓服務。反觀我國主管機關對於管理委員會，尚未建立守法義務主動培訓宣導以及主動監督機制，因此社會新聞常見一旦社區資產龐大，往往引來有心人士覬覦，甚至黑道勢力介入管理委員會的新聞[1]也時有所聞，所以香港的做法與制度可提供我國參考及借鏡。畢竟只有落實管理委員會之守法義務，方能建立社區誠信管理機制，取信於所有區分所有權人與住戶，建立互信的基礎，方能讓社區溫馨和諧的成長發展。

---

[1] 深夜社區黑衣人砸管理室，警方查出，疑似是社區前後任管委會，為了龐大利潤，爭奪管理權。中市刑大副大隊長彭武勝：「管委會掌握到社區裡面，停車位或管委會資金的使用。」雙方爭奪利益，造成一個社區，有兩個管委會，而停車場和感應門鎖，又分屬不同管委會管理，所以住戶必須繳交2倍管理費，引起住戶不滿，憤而打官司，法院判決原先的管委會勝訴，這個結果引發黑道不滿。黑道勢力在社區橫行，企圖操控停車位買賣和多項資金運用，因為不滿法院判決，4月教唆9名少年，毆打保全、毀損辦公室物品；現在包括入侵管委會的主嫌，及相關毆打保全的嫌犯，一共19人，依組織犯罪、恐嚇等罪嫌，移送法辦。資料來源：TVBS新聞網 https://news.tvbs.com.tw/local/104102。

課題 4.1
管理委員會之法律地位

管委會的法律地位為民事實體法上契約主體。

小叮嚀：公寓大廈管理委員會僅是區分所有權人為管理維護公寓大廈事務所成立之組織，其法律地位僅得為民事實體法上契約主體及民事程序法上具有當事人能力而已，管理委員會本身並不具備法人格，因此管理委員會僅是屬於非法人團體，故無實體法上完全之權利能力。

　　公寓大廈管理委員會僅是區分所有權人為管理維護公寓大廈事務所成立之組織，其法律地位僅得為民事實體法上契約主體及民事程序法上具有當事人能力而已，管理委員會本身並不具備法人格，因此管理委員會僅是屬於非法人團體，故無實體法上完全之權利能力。相較於香港的制度，香港法例第 344 章建築物管理條例規定當管理委員會成立之後的第 28 天內，必須向土地註冊處申請註冊成為法人團體，在香港稱為業主立案法

團，是香港社會法人組織的形式之一，概念源自有限公司及無限公司。業主立案法團的出現，是為了改善香港的物業管理架構。香港政府以「小政府」策略，用者自理，讓大廈的業主自行解決自己大廈管理的事務。業主立案法團是法定團體，具有若干法律權力管理大廈[2]，讓管理委員會有明確的法律地位，因此也有更明確的法令規範其權利義務讓所有的運作在法令規範下更合法順暢的運作。我國長期以來因管理委員會為非法人團體，雖然有主管機關，但因被定位為民間自治團體，沒有公權力強制介入監督，因此貪汙舞弊時有所聞，筆者建議政府部門可借鏡香港的制度，修訂建築法或公寓大廈管理條例，將現行公寓大廈管理組織除了向主管機關申請報備制度之外，應更進一步將強制規定管理委員會登記為法人團體制度，讓管理委員會具備法人格，有明確的法律規範相關權利義務並有更明確的法令監督以避免不法情事。

---

[2]　資料來源：維基百科 https://zh.wikipedia.org/wiki/%E6%A5%AD%E4%B8%BB%E7%AB%8B%E6%A1%88%E6%B3%95%E5%9C%98 。

課題 4.2
制定管理委員會之紀律守則

制定管理委員會之紀律守則。

小叮嚀：建議管理委員會之紀律守則為：(1) 管委會及其轄下小組委員會所有成員、受聘僱員工及承包廠商，均應在履行社區管理職務時遵守《紀律守則》；(2) 遵守利益衝突迴避原則；(3) 拒絕收受不法利益與賄賂；(4) 不得擅自擴權，管理委員會的委員權限應依據規約或區分所有權人會議決議來執行業務，規約或區分所有權人會議決議未明訂的權限，委員不得擅自擴權。

　　在社會新聞版面上經常出現管理委員會亂花公款或貪汙舞弊等諸多弊端，探究其主要原因有二，一為社區住戶冷漠不參與監督以及公部門缺乏監督機制；二為管理委員會未明確制定「紀律守則」，提醒並規範管理委員應有遵守法律義務，嚴守利益迴避原則並拒絕收受賄賂且不得擅自擴權，茲建議管理委員會之「紀律守則」如下。

1.「紀律守則」規範緣由及對象：管理委員會應致力以廉潔、誠實和公平的原則執行公寓大廈管理維護工作。因此，管理委員會應議決通過，要

求所有業務相關人員，包括管委會及其轄下小組委員會所有成員、受聘僱員工及承包廠商，均應在履行社區管理職務時遵守「紀律守則」。

2. 遵守利益衝突迴避原則：管理委員會的委員或物業管理從業人員在執行職務時，可能因爲他的行爲舉止，而使自己或有特定關係的人有獲得好處的可能，我們稱作利益衝突。因此需遵守利益衝突迴避原則，以免委員或從業人員與承包社區業務廠商有瓜田李下的行爲，衝擊社區民眾對管委會運作的信賴感，進而影響社區工作推動的有效執行。

3. 拒絕收受不法利益與賄賂：管理委員會的委員或物業管理從業人員，索取或接受與其爲社區管理所執行之工作有關的利益，即屬收受賄賂的違法行爲，因此委員或或從業人員應拒絕收受不法利益與賄賂。在此「利益」一詞的釋義，包括金錢、饋贈、貸款、費用、報酬、受僱工作、合約、服務、優待等。

4. 不得擅自擴權：管理委員會的委員權限應依據規約或區分所有權人會議決議來執行業務，規約或區分所有權人會議決議未明訂的權限，委員不得擅自擴權，尤其是發生很多主委擅自擴權的情況。爲此，內政部營建署 96 年 4 月 17 日內授營建管字第 0960802493 號函針對主任委員的權限範圍有明確之規範，主任委員雖然對外代表管理委員會，惟涉及主任委員之權限及事務執行方法，當依規約之規定；規約未規定，依區分所有權人會議決議。倘若規約如未明定主任委員之權限，則其與業者之簽約，自當於區分所有權人會議作成決議後始得爲之。惟規約倘未規定，或區分所有權人會議未作成決議前，主任委員即與業者逕行簽約，其契約之效力疑義，自宜循司法途解決。由前列解釋函可知管理委員會的委員權限是有所限制的，不得擅自擴權。

課題 4.3
建立誠信管理預防貪汙機制

建立誠信管理預防貪汙機制。

小叮嚀：建議管理委員會之預防貪汙機制為：(1) 社區管理運作透明化：社區營運管理相關活動、文件、會議紀錄、帳目或單據等一切公開透明；(2) 建立樓長制度發揮監督機制：每層樓的住戶推選一位樓長，代表該樓層列席管委會例行性會議，並賦予監督的職責來強化監督機制；(3) 採購程序公開透明；(4) 監督維修保養工程；(5) 監察服務表現；(6) 完善財務管理制度。

　　誠信優質管理對提升建築物的價值，及維持區分所有權人及承租房客的權益至為重要。但貪汙舞弊及其他不當行為會令服務物非所值、影響管理品質、甚至危害住戶的安全，而相關人士亦會因觸犯法規而身陷囹圄。因此，管理委員會及其服務供應商應採取果斷措施提高委員及職員的誠信操守，建立誠信管理預防貪汙機制及早預防貪汙，茲建議管理委員會之預防貪汙機制如下。

1. 社區管理運作透明化：社區營運管理相關活動、文件、會議紀錄、帳目或單據等一切公開透明，將一切資訊及相關運作攤在陽光下接受眾人監督，可減少貪汙的發生。

2. 建立樓長制度發揮監督機制：除了鼓勵社區住戶多參與管委會會議，更可以建立樓長制度，每層樓的住戶之中推選一位樓長，代表該樓層列席管委會例行性會議，並賦予監督的職責來強化監督機制。

3. 採購程序公開透明：盡量指派不同的管委會成員、職員或經理人負責不同步驟，以加強監察與制衡並盡可能採用公開招標模式。防堵甄選貨品或服務供應商過程中的賄賂行為、利益衝突、虛假報價、標書偽造收據與交貨數量不足等弊端。

4. 監督維修保養工程：指派專責小組（成員應有別於招標小組）監察工程的進度或服務表現，要求社區經理對所有任何在完工後均會被掩蓋的工程，在動工前、工程進行間及完工後都拍照記錄實地情形，並定期向管委會或業主社群平台群組匯報。

5. 監察服務表現：如要有效地監督清潔與物業保全服務公司所提供的服務，管委會必須在合約條款中清楚列明客觀的服務標準及足夠的管控措施，並確實執行，例如明訂清潔及保全工作的範圍、明訂所需的人力及設備要求，同時管委會也應委任一名管委會成員或職員或經理人監察清潔或保全承包商，是否按承諾調配所需的人力資源進行有關的清潔或保全工作。

6. 完善財務管理制度：(1) 制定年度財政預算，將預算草案發送給各所有權人，或將其張貼於大樓的顯眼處，並說明與上年度預算比較並解釋其中的主要差異。應避免訂定偏高的預算以進行非授權及超出預算限額的

採購，以免經手人獲取非法回扣或因誇大預算日後遭濫用經費款項；(2) 收入及支出由多人輪流經手，處理收入及支出時應避免經手人挪用收入現金或支付帳款、侵吞管理費或其他收入或以欺詐方式提列呆帳，因此在點收及存款、付款、記錄收入及支出、編製欠繳帳款分析及採取追索行動時不應由一人全權負責，而應在可行的情況下，由不同的管委會委員或職員負責並輪流擔任；(3) 編制及查核財務報表，編制財務報表以及核准財務報表不應由一人全權負責，應由不同的管委會委員或職員負責並輪流擔任，以避免造假帳等不法情事。

附件一　公設點交委託第三公正專業公司公開招標規格參考範例

公告　○○社區 (一) 管字 108××××號

主旨：○○社區公設點交招標公告（第一次）。

說明：

(一) 依據第一屆○○社區管理委員會第○○次會議決議辦理。

(二) 誠徵具建築、土木、結構專業及機電消防設備專業之技師事務或服務公司參與競標。

(三) 招標方式：公開招標由委員會評審合格廠商，初選入圍者本會通知進行簡報，決標採最有利標。

(四) 投標資格：

(1) 符合政府規範合格之廠商。

(2) 公司資本額新台幣伍佰萬元（含）以上。

(3) 提供具有消防公共安全檢查公司營業登記核可證照、配合具有土木、結構或建築師證照者。

(4) 具有電機（氣）消防、空調、燃燒、給排水、升降等各類別技師（如該類別沒有技師時，可為技術士），參與本社區各項設施檢驗查核，可供簽證者。

(5) 最近一期完稅證明。

(6) 最近一年內無退票紀錄。

(7) 具有點交驗收 200 戶以上社區之服務實績。

(五) 履約應出具之檢測報告內容如後：

(1) 公設機電、消防設備部分：本社區從地下 1、2、3、4、5 層至 1～30 層及 R 層之公設機電、消防設備，至少分布涵蓋「冷凍系統」、「空調系統」、「電梯系統」、「發電機組」、「電力系統」、「電信系統」、「汙水處理系統」、「排煙系統」、「保全系統」、「2 樓俱樂部各項設施」、「1 樓物管中心各項設施」等項目，檢測報告書面內容應將前述項目至少表達「規格」、「數量」、「功能」及「品質」等四大項目的實際狀況，是否與「設計圖說」相符並記載之。

(2) 公設土建標部分：公設機電、消防設備坐落位置之土建部分是否與「設計圖說」相符，並記載 表達「規格」、「數量」、「功能」及「品質」等四大項目的實際狀況，並涵蓋其他土建（如防火區劃貫穿管件防火填塞是否依消防法規辦理防火泥填塞）等項目，以上係對於本社區有關公設檢測履約之基本門檻。

(3) 公設園藝設施部分：植栽數量清點及存活狀況以及相關園藝設施（如大理石椅及石板步道等）之「數量」、「功能」及「品質」等四大項目的實際狀況。

(4) 公設藝術品部分：依據附件移交清冊內容清點公設區藝術品及家具。

(5) 二次施工檢查：需前往建管處調閱報備核准之圖說與竣工現況比對二次施工情況以及地下 1、2、3、4、5 層停車位數量與車位面積是否與原核准之圖說相符。

(6) 法規檢討：檢討建物現況是否有違反建築法規及消防或公安相

關法規之處。

(六) 競標廠商應於 108 年 ×× 月 ×× 日起，至本社區服務中心領取相關標單等文件並收取投標須知（工本費貳佰元整）。

(七) 服務中心截止收件時間：108 年 ×× 月 ×× 日止，以郵戳為憑。

(八) 審標時間：另行通知。

(九) 簡報及遴選日期：簡報應說明為社區爭取權益實績，簡報遴選日期另行通知。

(十) 歡迎住戶介紹優良廠商。

(十一) 請依據附件移交清冊內容辦理公設點交及報價，報價金額工作內容含初驗、複驗（二次）及報告書之總價。

(十二) 本文件公告於本社區公布欄、台北市、新北市、桃園縣、市相關行業公會。

附件二　公設點交前置檢測作業需移交文件

　　社區經理在發函建商準備圖說資料時必須要建商準備以下資料：

一、消防、電力、給排水、弱電之竣工圖說（使照審查圖），以上圖面資料皆需有各主管機關審查章，或與正本相符及公司章。

二、消防、電力、給排水、空調、景觀、弱電、監控等符合現場施工圖（須蓋建設公司大小章）A1 各二份。

三、消防、電力、給排水、空調、景觀、弱電、監控等符合現場施工圖電子圖檔乙份。

四、消防送審文件複本：

　　1. 發電機海關進口證明（進口報單）。

　　2. 發電機出廠證明檢測報告技師簽證（含負載計算式）。

　　3. ATS 出廠證明（發電機自動切換系統）。

　　4. 電容器出廠檢驗證明。

　　5. A.P.F.R 出廠或進口證明（功率因數設備）。

　　6. 變壓器出廠檢驗證明。

　　7. 各類幫浦出廠證明。

　　8. 消防各設備國家 CNS 標準證明。

　　9. 高樓逃生緩降機出廠證明。

　　10. 建築圖（使照核發審查圖）。

　　11. 專有、約定專有、共用、約定共用部分之配製圖。

12. 防火建材證明、窗簾地毯防燃防焰證明。

13. RC 無海砂證明。

14. RC 強度試驗報告、坍度證明或鑽心試驗。

15. 鋼筋無輻射證明、強度、拉力試驗報告。

16. 頂樓防水測試自主檢察報告。

17. 防水閘門自主檢查報告、防洪水位報告。

18. 各管線加壓測試自主檢查報告。

19. 液滲檢測報告。

20. 建築物制震或隔震報告。

21. 避雷針出廠證明、檢討報告、扇形保護面積檢討分析報告。

22. 建築執照影本。

23. 使用執照影本。

24. 廠商名錄。

25. 各項公設機房室暨設備鑰匙。

26. 買賣合約（敘述建材設備部分）銷售海報。

27. 電梯許可證證明。

28. 各類設備系統數量清冊（需有設備機組名稱、電源功能、規格容量、廠牌、數量）。

五、消防各類設備操作手冊、R 型總機編碼表

六、清水廢水泵浦出廠證明。

七、地下室進排風風量檢討圖面及設備出廠證明、空調分區圖、迴路圖。

八、監控設備操作說明、IO 點數表、數量清冊、軟體光碟、產品規格。

九、汙水處理設備許可證正本及附件及原始審查文件、汙水處理設備水樣
　　自主檢查報告。

資料來源：繆駿〔2016〕。

參考文獻

1. 郝文全，集合住宅防火區劃貫穿管件防火填塞種類及施工法配套之研究，華夏科技大學資產與物業管理研究所碩士論文，2018。

2. 繆駿，公設點交關鍵因素與缺失改善之研究，華夏科技大學資產與物業管理研究所碩士論文，2016。

3. 藍朵嫻，從建設公司角度探討建築物長期修繕計畫之完整個案分析，華夏科技大學資產與物業管理研究所碩士論文，2018。

4. 陳建謀，陳俐茹，李金玲，連維全，2014，從建築物長期修繕計畫角度探討管理費收費標準之研究，物業管理暨防災期刊（ISSN 2078-0494），第六期，P. 137-176。

5. 李育珍，住宅長期修繕計畫標準作業程序之研究，華夏科技大學資產與物業管理研究所碩士論文，2013。

6. 陳俐茹，廖慈立，陳建謀，2016，天然石材養護工法比較之研究，物業管理暨防災期刊（ISSN 2078-0494），第八期，P. 16-46。

7. 陳亮全，劉怡君，陳海立，2006，防災社區指導手冊，行政院災害防救委員會出版。

8. 陳秋雲、劉怡君、曾敏惠，2014，社區地震災害環境檢查手冊，行政院法人國家災害防救中心出版。

國家圖書館出版品預行編目資料

社區管理委員會的權利與義務／陳建謀、陳俐
　茹著. -- 二版. -- 臺北市：五南圖書出版
　股份有限公司, 2022.09
　面；　公分
　ISBN 978-626-343-178-2（平裝）

1..CST: 社區組織　2..CST: 社區工作

547.43　　　　　　　　　　111012452

5H14

社區管理委員會的權利與義務

作　　　者 ― 陳建謀（253.9）、陳俐茹

發 行 人 ― 楊榮川

總 經 理 ― 楊士清

總 編 輯 ― 楊秀麗

副總編輯 ― 王正華

責任編輯 ― 金明芬

封面設計 ― 郭佳慈、姚孝慈

出 版 者 ― 五南圖書出版股份有限公司

地　　　址：106臺北市大安區和平東路二段339號4樓

電　　　話：(02)2705-5066　　傳　　　真：(02)2706-6100

網　　　址：https://www.wunan.com.tw

電子郵件：wunan@wunan.com.tw

劃撥帳號：01068953

戶　　　名：五南圖書出版股份有限公司

法律顧問　林勝安律師事務所　林勝安律師

出版日期　2021年2月初版一刷
　　　　　2021年4月初版二刷
　　　　　2022年9月二版一刷

定　　　價　新臺幣320元

經典永恆·名著常在

五十週年的獻禮 —— 經典名著文庫

五南，五十年了，半個世紀，人生旅程的一大半，走過來了。

思索著，邁向百年的未來歷程，能為知識界、文化學術界作些什麼？

在速食文化的生態下，有什麼值得讓人雋永品味的？

歷代經典·當今名著，經過時間的洗禮，千錘百鍊，流傳至今，光芒耀人；

不僅使我們能領悟前人的智慧，同時也增深加廣我們思考的深度與視野。

我們決心投入巨資，有計畫的系統梳選，成立「經典名著文庫」，

希望收入古今中外思想性的、充滿睿智與獨見的經典、名著。

這是一項理想性的、永續性的巨大出版工程。

不在意讀者的眾寡，只考慮它的學術價值，力求完整展現先哲思想的軌跡；

為知識界開啟一片智慧之窗，營造一座百花綻放的世界文明公園，

任君遨遊、取菁吸蜜、嘉惠學子！